當生命走到盡頭，愛才開始

以仁為本的送行者傳奇

陳原——著

目錄 Contents

Chapter 3 生死交關

Chapter 4 重回草創年代

Chapter 5 人的終極關懷

〔推薦序〕

他的經歷，能啓發徬徨在人生十字路口的你

邱文達

和陳原的相識，結緣於台北萬芳醫院，那時我擔任醫院院長，他是承攬醫院太平間服務的「台灣仁本」執行長。

曾在不同醫院任職的我，對於太平間的管理和服務，其實一直是很頭痛的。因為殯儀業素質參差不齊，和往生者家屬產生糾紛屢見不鮮，醫院作為主管單位，基於責任往往要居中排解。再者，業者即使承攬太平間服務，但大都盤算合約期滿後，未必能繼續承攬，基於成本考量，都不太願意徹底整頓環境。導致原本就已破舊冰冷的太平間，使用多年後更加昏暗陰森。

但當陳原帶領的台灣仁本，進駐萬芳醫院太平間服務時，我就不再需要掛心這些事情了。他當時雖然只是三十出頭的小夥子，但是帶領的團隊紀律嚴明、井然有序，不僅服務熱忱體貼，而且收費公開透明，讓已經哀痛悲傷的往生者家屬，不用再傷神處理後事的龐雜細節，對於醫院的管理營運來說，也大大減少必須溝通協調的情況。

我還記得那一天，陳原到採購委員會來報告，一進來就用他慣有的大嗓門，揮舞著手上的企畫案，說想把萬芳醫院的太平間，改造裝修成五星級的往生室，要讓所有人徹底改變對太平間的既有印象。

我們將企畫案送到北醫總務處，最後委員會決定支持陳原改變，而他也真的做到了，這在當時是國內的創舉。當萬芳醫院的太平間，變成煥然一新、明亮乾淨的往生室，公諸於社會大眾面前時，大家都是如此地訝異和讚許，而往生者家屬的傷痛，至少在這裡，能夠感受到溫暖與一絲撫慰。

陳原在向萬芳醫院及北醫提出建議時，並沒有算計這項業務他還能承攬多久，也未因此評估要投資多少才能回收。他對我說，他只是想要改變這個行業給外界的印象，希望用服務來贏得尊敬。我知道，如果他能始終秉持這樣創新的精神，一定會成功。

時光匆匆，至今已過了十幾個年頭，當年的小老弟現在已成為跨足兩岸、布建多達四十七個營業據點的跨國企業家，我內心著實為他高興。這本書裡記錄著他一路打拚不服輸的歷程，我相信對於很多徬徨在人生十字路口，還在尋找目標的人來說，會有許多的幫助和啟發。

（本文作者為台北醫學大學傷害防治學研究所名譽教授）

〈推薦序〉

他讓每一場「人生最終回」都是完美的演出

蔡玉真

「台灣首富、進口車教父、故總統蔣經國遺孀蔣方良先後辭世。他們的喪禮社會矚目，更特別的是，這三場喪禮都是由台灣仁本服務集團執行長陳原規畫，國中畢業的他憑什麼連辦三場權貴喪禮？」

這是二〇〇五年的《商業周刊》，我用筆名「林若旋」寫下的文章，上面的每一個字，都是我對阿原最貼切的描述。說實在的，採訪新聞二十多年，我的筆下多少黑心企業、掏空大亨。但是，對這位幫多少大人物、小人物辦完人生最後一程的「送行者」阿原，我是由衷地佩服。他的正面積極、樂觀進取，還有，把一般人不太喜歡的殯葬禮儀業，變得溫馨有創意，是讓我最折服的地方。

我記得那一年在榮總的太平間，一場別開生面的尾牙，整個空間變成煙幕水舞的嘉年華會，頭獎、特獎是價值不菲的「骨灰罈」，熱鬧的氣氛中，汎德永業集團創辦人唐誠的靈柩就停在幾公尺不遠的地方。阿原讓所有的來賓，都融入在尾牙的歡樂氣氛中，讓殯葬可以很歡樂，也可以很莊嚴。而且，阿原不只專辦名人告別式，每一次我碰到需要社會救助的窮苦人家，阿原也是第一時間以最認真的態度全力協助。

高雄氣爆第一時間，台灣仁本就到現場支援；台南維冠金龍大樓倒塌，造成一百多人喪生，阿原立刻抵達現場指揮員工協助善後；蝶戀花旅行社賞櫻團翻車事故，人在中國福州的阿原，也立刻奔回台灣。不要懷疑，這就是阿原，他是拚命三郎。

「阿季，我辦事、你放心」，確實，這是十幾年來我所認識的阿原的做事態度。所以，第一時間知道中國第一夫人彭麗媛在台灣的大舅舅過世，由於剛好認識國舅李新凱先生的家人，第一時間就找阿原接手這樁兩岸人士都相當矚目的告別式。果然，阿原一百分的服務態度，面面俱到的專業服務，讓各方都十分滿意。

相識近二十年，第一次從書中認識阿原的成長背景，我更感動了。過去，知道他和士林、北投一代的政治人物、大老闆的關係，以為他是豪門大家族出生。從書上，才看到一個六歲就失去母親，和父親互動也不多的長子，但他並沒有消極墮落，反而更樂觀進取，即使面對同業的死亡威脅、地盤搶奪，依然堅持從一般人對「葬儀社」的異樣眼光中，走出全新的局面。

這些日子，阿原開始在中國發展殯儀業，這是更大的挑戰，因為，起步的時間是台商開始大撤退的階段。不過，這是他的個性，喜歡高難度的挑戰，完成別人做不到的事。就像他能從一群帥哥美女中挑選最佳的百萬年薪禮儀師，提供最細緻的服務，讓每一場「人生最終回」都是完美的演出。

不要懷疑，他就是我相識近二十年，越來越刮目相看的「最佳送行者」——台灣仁本阿原。

（本文作者為名嘴、資深財經記者）

〔自序〕

走在那些大家不想碰的、難走的道路上

明亮的燈光，暖色調的光線，乾淨的大理石地板，明亮的接待櫃檯，如果你稍微恍神沒注意到牆上的招牌，可能會以為這是五星級飯店的接待大廳。事實上，這是太平間。

我還記得剛踏入殯儀業的時候，在社交飯局上，對方看見名片上印著：「葬儀社」，立刻就把名片丟在地上。這個行業長久以來承受外界的異樣眼光，我暗自立志要為這個行業帶來不一樣的轉變，讓外界不再以輕賤的眼光看待它。

有次出國休假，在五星級飯店等待入住時，我突然有個念頭，為什麼太平間就一定只能是「破爛昏暗」的環境？為什麼太平間不能像五星級飯店一樣的氣氛？死亡已經夠悲傷了，為何環境還要使人更悲傷呢？

我花了上百萬的成本重新打造萬芳醫院的太平間，在同業間是一項創舉，我們一改外界對太平間的刻板印象，這是公司的重要轉型，以差異化的服務內容與一般業者做出區隔。

台灣仁本專注在儀式的服務，不做金融炒作，只專注本業。我出生一個總鋪師的底層家庭，年幼喪母，那些聰明人的投資生財方式我不懂，我只知道腳踏實地把自己的工作做好。

殯儀業是一個很講求人脈背景的行業，我完全沒有任何資金與人脈背景踏入這行，遇到各種困難和障礙。不認識警察，有意外事故，沒有人會通知我去「做生意」。殯儀館也沒有認識的人，連收送儀式花圈都會被欺負。

甚至，承包太平間業務也會遭有心人士到公司門口開槍，有時員工還遭人毆打。到中國發展布局，因為環境艱困，一覺醒來，所有的台灣員工全部不告而別，跑光了。在最難過的時刻，我曾經躲在棉被裡偷哭，哭完，隔天醒來，又是全新的一天，繼續拚。

我書念得不多，家裡沒有雄厚的背景，但我擁有比一般人更強盛的毅力，我很清楚，好賺的生意不會輪到我做，我要成功，就一定得往那些大家不想碰的、難做的生意走。

在這樣的險困環境下，我只好以「創意」作為決勝負的關鍵。我承辦過許多名人的喪禮，喪禮也可以辦得很不一樣，可以有探戈舞、粉紅色的派對、演唱會等各種方式。用無盡的創意，在這個行業裡闖出一片藍海。

雖然，公司已具一定規模，獲利也相當穩定。兩年前，我仍決定要跨海到中國拓展據點，我們是唯一一家台灣西進的公司，其他業者都慘敗而歸。親近的友人沒有一個人贊成我的想法，但我的想法很簡單，台灣的市場幾近飽和，光大台北地區就有上千家的殯儀業者，然而一年才有多少人過世？

一家公司不能只守著一個市場，單守著一個市場就會被這個單一市場的變化，操控了整個公司的營運。踏入中國，是給自己一個挑戰，我的夢更大了，不只是要經營一家台灣最大的殯儀服務公司，還要是一家具國際規模的公司。

台灣市場一直是台灣仁本最主要的重心，而這幾年開始，這個市場果然出現了變化，而這個變化可能會影響到公司的生存獲利空間。

台灣仁本經過這幾年的努力，醫院太平間已經從過去破爛昏暗的環境，演變成五星級的明亮溫馨空間。或許很多人沒機會接觸，所以還停留在過去的老舊觀念，這也讓一些別有用心的人，得以趁隙想消滅用心經營的業者，以謀求自身的生存和利益。

二〇一七年七月開始，所有的太平間禁止舉辦祭拜儀式，這不僅對有心經營的業者造成困擾，也是一項擾民的政策。過去，往生者可以在太平間辦理簡單的儀式；往後在醫院，往生者必須直接由家屬委託葬儀業者領回住處，或送至殯儀館辦理儀式。

這項政策改變沒有任何配套措施，現代人居家空間狹小，自家無法承辦喪禮儀式，所以將大量送往殯儀館。而目前殯儀館數量有限，根本無法承受這麼大量的祭拜儀式。

但無論如何，我和台灣仁本全體員工會堅持拚下去，絕對不會因為無法再承攬醫院的太平間生意，就坐以待斃，一定會以最好的服務，努力凸顯台灣仁本與其他業者的差異化，尋找更好的出路和未來。

Chapter 1

楔子

長大之後，我才明白，快樂的日子不會一直下去，站在自己這邊的人，也可能會慢慢離去。因為只剩下自己，我必須對自己負責；因為已沒人能在背後支持我，我必須變得更堅強。

那一天，我看到阿母躺在地上

天未光，清晨五點，我和阿公到田裡種菜，那年我六歲，生活最快樂的事就是跟阿公四處走。每天只要醒來，我就找阿公，就算一早要到田裡種菜，要幫忙提水、拿工具，我只想著可以脫離阿母管教，可以到田裡捉蟲、跑跳，自由自在想做什麼就做什麼。

阿公的田就在台北市忠孝東路五段，現在是繁華的東區，但在我的童年時光裡，這裡全是田地，和一般鄉下差不多。阿公一直在這附近種田，偶爾也種一些蔬菜。他原本是「收舊貨」，台語叫：收故物商，講白一點，就是踩著三輪車穿梭大街小巷，收破銅爛鐵。

有時，我也跟著阿公去收雞毛，我就坐在他那台手推車上，由他推著走，祖孫兩人遊晃整個大台北地區。我爸是做酒席的總鋪師，工作忙，從來沒有帶我們出去玩，回想起來，坐在阿公手推車上，是我童年最快樂的「旅行」了。

堂哥們都很嫉妒我，阿公出門只帶我，也只有我能向阿公要得到零用錢。甚至和阿公一起出門，只要我走累了，他就二話不說，揹著我回家。

有阿公在的時候，我什麼都不怕。我小時候很害羞，卻敢陪阿公去菜市場賣菜。阿公常常把家裡種的、吃不完的菜拿到市場賣，我守著小小的攤位，有樣學樣招呼客人，還沒上學，我就會用簡單的數學算錢。

菜市場的經驗算是我第一次「做生意」，做生意沒什麼祕訣，就是要敢和人打交道，遇到買菜的姑姑嬸嬸阿姨要記得笑，要記得叫人。長大之後，才知道這叫「與人為善，廣結善緣」。

市場賣完菜之後，阿公拿賺來的錢買零食，讓我邊走邊吃，夏天是冰棒，冬天是糖炒栗子。我那時就覺得，錢真好用，我以後一定要當老闆，做生意，賺大錢。除了邊走邊吃零食、邊立志賺大錢之外，我一定還會記得，走路到家之前，一定要把手上的零食吃光，因為阿母很兇，不喜歡小孩吃零食。

我從小仗著阿公寵愛，常常「為非做歹」。有次，爸爸拿了錢給我，要我到雜貨店幫他買菸，我到了店裡看到糖果，早忘了買東西的事，把錢全買零食吃光了。回到家之後，阿母氣得把我痛打一頓。

我從小就不受管教，想做什麼就做什麼。那次買糖果應該也不是第一次了，所以阿母才會氣得把我打到全身黑青，阿公看到還以為我被毒蛇咬到，全身中毒才會發黑成這樣，急著要送我去醫院打血清。

我常在想，要是阿母不在就好了。

沒想到六歲那年，我的願望真的實現了。

那些來不及問阿母的事

那個清晨，我在阿公的菜園捉蚱蜢，早餐吃得不夠，肚子有點餓，我懶懶地坐在草堆上，突然堂哥從遠處跑來，要我們快點回家。我當時還想，好吧，早點回家，肚子好餓，想再吃幾碗稀飯。

回到家的時候，阿母躺在地板上，大人很忙，也不知道在忙什麼。我走到廚房吃了點東西，不再那麼餓了。我有點想睡，趴在桌上，睡著了。

那天之後，阿母就不再出現。我很開心，終於沒人管我吃冰吃零食，也沒人管我幾點要上床睡覺、幾點要起床……我想到都會忍不住偷笑，沒有阿母的世界，真的是太開心了。

這樣的快樂時光維持不到一年，我上了小學，阿母還是沒有回來。上學填資料卡的時候，母親的那一欄除了填阿母的名字之外，還加註了一個小小的字，那個字學校還沒教，我也不認得。

也因為上學，我才知道世界上還有母親節這個節日。母親節那天，學校要我們寫卡片給媽媽，我還在想要寫什麼，畢竟已經好一陣子沒看到阿母，有點想她了。隔壁的同學看我在寫卡片，就問：「阿原，你媽死了，你要寫給誰啊？」

「誰說我媽死了？」我很生氣，還和他打了一架，我被老師找到辦公室，老師勸我：「媽媽不在了，你以後要自己照顧自己。」我不懂那是什麼意思。那天，爸爸被通知來接我，他好像想告訴我什麼，但一路走回家，什麼都沒說。

原來，在母親欄加註的那個字是：歿。

小學一年級的那個母親節，也是我第一個母親節，我開始發覺，阿母不會回來了。阿母不在的那種快樂也越來越少，我希望她回來，管我一下，罵我一下也好。

有時候，我會刻意早睡早起，刻意遵守阿母平日對我的規定，我以為只要我乖，她就會回來。我甚至每天睡前，都跟天公伯說，希望明天一早醒來，就把阿母還我。

阿母只是出門幫我們買早餐，好像只要再等幾分鐘，她就會開門進來了。我忘記我等了幾年，才放棄了這個期待。

我的童年就這樣在小學一年級的時候，殘忍地結束了。阿母過世後，留下兩個妹妹，一個三歲，一個一歲。而阿爸比過去更沉默了，我常常半夜看到他一人坐在客廳裡，像是發呆又像是在想事情。

多年後，長大了，我才明白，阿爸在客廳裡的那個背影是懊悔與傷心。每年掃墓的時候，阿爸總是坐在阿母的墳前痛哭。

我的阿母是養女，但並不是所有的養女都像電視劇演的那樣苦命。外公、外婆從小就疼愛這個唯一的女兒，阿母從小吃好的、用好的，在充滿愛的環境長大，人就會變得自信。阿母就是這樣的人。

我記得，阿母在世的時候，我和妹妹出門穿的衣服全是她挑過的，過年作客或是喝喜酒的場合，我一定穿著整套訂作的童裝。阿母說：「再窮也不能讓自己穿得不像樣。」阿母很講究生活，吃的食物、穿的衣服都有一套標準。我和妹妹出門都被打扮得像王子與公主。

阿母個性強悍又愛面子，我六歲那年，她和舅媽因為家務小事吵架，吵完之後，爸爸並沒有幫她出頭，也沒安慰她。她氣不過，上吊自殺了。

爸爸每年清明節的痛哭、每晚客廳的寂寞身影，應該是不斷和記憶糾纏，他終身未再娶，每天花更多時間在工作上。而我和兩個妹妹就由阿公和阿祖照顧，一整天幾乎沒和阿爸說到幾句話。

在我那個年代，沒有母親是多少會被歧視的，我最怕過母親節，那像是挑起一個我不知道怎麼面對的傷口。我中學還遇過一個老師，不知道他是為了安慰沒有媽媽的同學，還是為了統計單親家庭數量，竟當著全班問：「誰沒有媽媽的，舉手。」我覺得被羞辱，氣得奪門而出。

沒有媽媽，並不是我的錯，當年的大人們卻常把我行為的偏差或犯錯歸咎於此，讓我很不舒服。於是，每年到母親節的那一週，我的心情會變得很差，後來甚至乾脆一個星期都不去上學。

我不去上學也沒人管，阿公溺愛我，不會罵我，阿爸當時兼兩份工作，平常做酒席的總鋪師，但沒有案子的時候，就到工廠當作業員，所以也完全沒有時間管我。

以前，出門前被打扮得乾乾淨淨，現在也沒了。我記憶中的童年沒有買過新衣服，不管去哪裡，穿的永遠是學校的卡其制服。我一直還記得，小學四年級有次要參加電視錄影，姑姑看不下去，幫我買了從頭到腳的新衣服、新褲子。姑姑把那些舊衣、舊褲全丟了。那一次，我才第一次有「新衣服」。

說起來，我的家境算是小康，但成長過程中，最欠缺的是「品味」這種無形的文化養分，所以我很自卑。

爸爸做酒席，阿公收舊貨，家裡三十坪的老公寓，永遠擠滿各種雜物，有爸爸辦酒席的鍋碗和桌椅，還有阿公回收的紙類、瓶罐。整個客廳就只剩一個人可以通行的空間，如果兩個人要並肩走還會撞到。

我的童年除了討厭母親節之外，最怕老師來家庭訪問，還有同學想來我家玩。我總是跟同學推辭：「我爸很兇，你們不要來。」有幾次，同學已經走到門口按門鈴了，我死都不肯開門。

這一點，我和阿母滿像的：愛面子。

阿母的愛面子，讓她走向了悲劇。我有時不太諒解，她怎能如此棄我而去，但回頭一想，我也是這樣愛面子，慢慢也能理解阿母受委屈時的苦悶。我當兵時曾經被欺負，那時候也很想去死，但還好我有朋友可以訴苦，阿母當年就是缺少一個情緒的宣洩管道。就是如此簡單的差別，讓人的一生有著完全不同的結局。

我比阿母幸運的是，我後來把愛面子這樣的缺點轉化成了向上的動力。做殯儀這個行業早年常被看不起，我為了讓做這行的人都能「有面子」，提升了整個行業的形象。

面子這件事可以帶人走向毀滅的悲劇，但同樣也可能成為激勵自己向上的動力。它像是一個開關，是開還是關，影響了人生的結果，而決定要不要打開這個開關的人，沒有別人，就是自己。

人的念頭就只在那關鍵的一秒鐘，這是阿母的死給我的啟發。從事殯儀業這麼多年，我們是第一家做臨終關懷的公司，給死者家屬各種心理支持。人在孤立無援的時刻，最容易發生悲劇。我不希望自己家庭的遺憾，重新在別人的家庭上演。

只要一點心理支持，就能撐過風暴。童年的經驗讓我了解到，一個小孩在這樣的劇變裡是多麼痛苦，也因為經歷過這樣的痛，我更能理解人的脆弱，更懂得珍惜身邊擁有的事物。

人生的挫敗有時候是奮發向上的動力，成長過程中，每次遇到挫折，我都會忍不住自問：「要是阿母在的話，我是不是就不會遇到這些事了？」

要是能和阿母再多相處一天，我一定會拚命記住一切細節，從身上的味道、五官的模樣、衣服的顏色……我都要記住。我還要問她，很多來不及問她的事……

因為長大之後，我發現，阿母早逝的遺憾，並不是在於無法過母親節、被老師歧視這些事。最大的遺憾是，我對阿母的記憶什麼也沒有，我想要懷念她，卻不知道該想念什麼。

沒有零用錢的童年

我從小和阿公最親，阿母過世之後，阿祖來照顧我和兩個妹妹，她幫我們煮飯，角色有點像是我們的媽媽。至於，原本就應該是至親的阿爸因為阿母的死，非常自責，忙著傷心，和子女的關係都疏遠了。

我對阿爸印象最深的是，一個人坐在飯廳裡思念阿母的寂寞背影。阿母因為妯娌間的小事吵架，怪罪阿爸沒有挺她，因而上吊自殺。人生最怕的就是懊悔，看著阿爸，我時時警惕自己，不要讓自己做出懊悔的事。

不要懊悔，說起來容易，做起來難。我一直到了出社會工作，才知道人生可以如何避免後悔。一個人太年輕，就不知道什麼事會後悔。有些後悔的事並不是你自己能控制的，是命運的捉弄。像是，我很後悔沒有多一點時間和阿母相處，多了解阿母是一個怎樣的人。這種後悔是我不能控制的。

人生有一部分就是要接受後悔，和大大小小的缺憾共處，阿爸就是一輩子在和這樣的後悔糾纏，這也是人活著的一項課題。

有些後悔的事，是操控在自己，可以避免的。我們時時刻刻做出的選擇，只要仔細前後想過，就能避免後悔發生，這是我在做生意時，從阿爸身上學到的事：不要讓自己後悔。我做決定很快，但我也想得很快，重要的是，做了決定，不管是好、是壞的結局，不要讓自己陷在後悔的情緒裡。就算是不好的局面，我們也要馬上面對，立刻找到解決的方法，正面迎擊。

不過，我畢竟是一個普通人，說起後悔的事也很多，例如後悔沒有把書念好，只有國中的學歷。如果我當時在學校有好好念書，加上肯努力的個性，也許我的事業有更多的可能性，也許我這一路走來能夠順利一點。

阿爸的金錢觀

阿爸從來不給我零用錢，我從小就一直處在金錢匱乏的狀況。我沒錢買零食，沒錢買想買的衣服，也很少和朋友出門玩，那時候任何玩樂都需要花錢。因此，我的成長過程非常單調，要說快樂的事也非常少。

學校的成績不好，課外活動也沒什麼表現，每天渾渾噩噩，我生活的唯一目標就是：賺錢。事實上，我的家境小康，只是阿爸很怕我會變壞，我的生活從來沒有零用錢這種事，凡是我想要的東西，都必須靠自己的能力去賺取。

有人會因為成長過程缺錢而性格扭曲，對我來說，沒有錢的童年反而是我向上的動力，任何可以賺錢的事我都願意去試。大概沒有小孩像我這樣，還沒上小學，就跟著阿公去市場賣菜和沿途收破銅爛鐵。

每次，阿公都會把賣菜、賣破銅爛鐵的收入分一點零錢給我，這是我童年唯一的零用錢。我喜歡陪著阿公，也喜歡工作一整天後收到零錢的快樂和成就感。

這些小錢買不了什麼東西，但把錢拿去買小糖果、小餅乾，我就覺得是天大的報償。這也幫我建立了一個價值觀：凡事只要努力，就一定會有回報，哪怕只有一丁點的甜點、零食都是值得的。

我從來不認為因過程辛苦，卻只得到一點小甜食就覺得不值得。也許是因為我比較正面樂觀，幫阿公賣菜、收舊貨的辛苦，只要忍住，接下來就有一枝冰棒、一包小糖果……只要想著工作後的「甜美」，我就有動力繼續撐下去。

沒錢的日子也有沒錢的過法。

那時候的台北市東區還沒有開發，四處有果樹和水溝可以抓魚，這片田野就是我的遊樂園。每天抓蟲、摘果子的日子也讓我忙得很充實，我不喜歡上課，常常偷溜到河邊玩水。

有一天，我玩得太開心，不小心整個人掉到水裡爬不上來，我一緊張，四肢亂抓，越慌，身體越用力，一用力，整個人就往水底下沉。我被水嗆得好難受，腦袋一片空白。

有幾秒的時間，我腦袋閃過：我是不是真的就要死了？

來不及有任何感覺，我突然被一道力量拉住，整個人往上提，從水裡被撈了起來。原來是一個路過的大人把我救起。

路人和同學送我回家，阿爸很生氣把我痛打了一頓。這大概是我最接近死亡的一次經驗，人死的時候在想什麼？我小學就知道，人死的時候，什麼都來不及想。

人生說來很諷刺，可能是母親死的時候，我年紀太小，感受不到關於死亡的恐懼，直到小學這件意外溺水才讓我真的接近死亡。這件事對我最實際的影響就是，此後我就再也不敢碰水，游泳怎樣也學不會了。

這也讓我在日後有了兒子、當了爸爸之後思考：「一個完全沒有零用錢的童年會帶來什麼後果？」一個大家沒有預期到的後果可能是：小孩子因為沒錢，會去從事一些不用錢但危險的休閒娛樂，像是免費而沒有救生員的危險海濱。

另一個非預期的效果是：沒有金錢，通常也沒有同儕間的社交，適度的同儕社交是可以讓人在成長過程中培養自信心，這些不見得是原生家庭能給予的。

我年紀夠大之後，稍微能理解阿爸的心情，很簡單，就是擔心自己的兒子有錢就會花天酒地變壞。我不能說阿爸的考量是錯的，但其實可以不用這麼極端，讓孩子有一點零用錢，是讓他學習計畫開支、有金錢概念的機會。

我當了爸爸之後，決定給孩子適度的零用錢，我決定做一個跟我爸爸不一樣的父親。

我也會花很多時間跟孩子相處，聽孩子說話，甚至工作再忙，我都會抽空陪他們吃飯，帶他們出去玩。現在想想，做這些事好像在彌補自己與阿爸不親的遺憾。阿爸除了不給我零用錢之外，我們每次見面都會吵架，不吵架的時候就無話可談。像他那一輩的男人，不懂得和孩子溝通，而我又在青春期，情緒也很衝動，所以父子的衝突不斷。

阿爸對我小氣，但他在親戚和朋友面前，則完全是另一種形象。阿公最喜歡和阿爸一起出門，每次阿爸發現有什麼好吃的，就會帶阿公去，有什麼新鮮好玩的事，一定帶阿公去見世面。有時候，阿爸忘了帶阿公去，阿公還像小孩子一樣會生氣。

不僅如此，阿爸是辦流水席的總鋪師，廚藝很好，常常在家裡做菜請客。親戚都很喜歡來我們家吃飯，家裡雖不是富裕人家，但經濟小康，所以當親友有任何經濟困難，也常來向阿爸開口。

阿爸幾乎就是親戚間樂善好施的溫暖好人，我從小看阿爸熱情款待親朋好友，時時刻刻關心別人，我也被潛移默化。阿爸請客時，會照顧餐桌上的每個人，哪個人不喜歡吃什麼、喜歡吃什麼，他都記在心裡，還會默默觀察哪個人有沒有吃飽，有沒有動筷挾菜。

這不是大學問，就是一個很純樸的老實人直接表達熱情的方式。我也學到這樣的待人方法，尤其我童年缺乏關愛、缺乏經濟來源，各種匱乏的經驗，讓我知道苦是什麼，我更能同理身邊的人受委屈時，是怎樣的感受。我幾乎就像阿爸在餐桌上照顧客人那樣，永遠把朋友、同事的各種需求放在第一順位的考量。

為什麼要這麼在乎別人的感受？你可能會以為這是一種出於「體貼」的行為，但我認為，在乎別人的感受還有另一層意義。

阿爸用食物、經濟援助和朋友建立關係，看起來好像很「現實」，但我認為這才是人與人之間往來的「真相」。你要讓自己有被別人「利用」的價值，人家才會願意跟你交朋友。要先在乎別人的感受和需求，我們伸出手，提供對方需要的物質或情感，你於他是有價值的人，對方自然願意向你靠近，與你建立交情。

賺錢，做有意義的事

阿爸的話不多，對孩子的管教也很傳統，記憶中他曾經送我一個很貴重的禮物，那是他出國旅遊，在歐洲買的勞力士錶。回想起來，阿爸送我這樣名貴的禮物表示已經把我當成一個長大的孩子看了，可惜我當時根本沒有意識到這件事，我的行為還是很粗魯，戴沒多久就把錶摔壞了，阿爸很生氣地把錶收回去。

儘管阿爸和我見面時總是說不上話，但他的待人處事卻對我有著深深的影響。一個人的成長過程如何影響往後的人格特質，是一個很複雜的過程。有人因為童年匱乏，成年後對於金錢、感情的需求會變得很扭曲。可能因為我是一個很正面的人，那些童年匱乏的經驗，反而讓我把物質看得很淡。

還記得我念高中時，很想買摩托車，阿爸本來答應我，後來又反悔。那個當下，我當然很生氣，換成現在的小孩，可能就直接跟爸爸吵架：「明明答應我，怎麼不守信用？」搞不好父子間還會因此種下心結。

大人反悔不認帳，固然令人生氣。我選擇的方式不是留在原地發脾氣，或鑽牛角尖繼續和阿爸吵。我沒有，我直接靠自己打工賺錢，我從小就知道，你要什麼就只能靠自己，沒有人會幫你。

我四處打工還要上課念書，好不容易存夠錢，買了一輛一五〇CC的摩托車，開開心心騎了一天，回家把車子停在路邊，上了鎖。隔了一夜，車子就在路邊被偷了，怎麼也找不回來。

我非常懊惱，這筆帳不知要跟誰算，只能自己對自己生氣。花這麼大力氣滿足了自己的願望，竟然這麼輕易就可以破碎。氣了幾天，我突然明白，錢、車子、房子……這些物質的東西，也許一個晚上就沒有了，人世間的無常，不僅意指個人生死，也包括了金錢和物質——你想得到的東西，有可能一夕之間就沒了。

錢財聚來又散去是人世間的常態，我慢慢看淡了這些事，錢就像流水，剛好流到我這邊時，我就要好好把握，把握時機把金錢的功能發揮到最大。

阿爸一直小心翼翼控管我的錢，就怕我變壞。很多人會因為這種嚴格的童年經驗，長大後變成守財奴，而我完全相反，金錢於我不是大事，重點是你想透過金錢，完成什麼有意義的事。

阿爸在我事業還沒開始起飛的時候，突然心臟病發，一下子就走了。阿母早逝，我來不及對她有印象，而我的阿爸也還來不及等到我事業成功，過一天好日子。這些都是我心中最大的遺憾，因為有這些遺憾，我更加把握現在的每一天。

阿爸走了之後，我常常想起他獨自坐在客廳裡想念阿母的寂寞背影，還有我每年生日，他都煮一整桌的菜請親友來吃，家裡只有我有這樣的待遇。我喜歡阿爸在桌上招呼大家的樣子，大家都好開心，如果日子能這樣一直下去就好了……

在學校賣便當的日子

小學時，老師在母親節前夕，問誰沒有媽媽這件事，對我來說是很大的打擊。從此之後，我非常不喜歡上課，遇到不喜歡的課，就跑到外面的池塘玩水，或是去路邊的菜園摘野生的芭樂。其實芭樂很酸，但只要是自己摘的水果都是好吃的。

學校外面的世界比學校本身有趣多了。

在老師的課堂上，我也幾乎是隱形人，任何班上的活動都不會有我，家裡的人也不管我有沒有去上課。學校的成績我都是倒數第三名，因最後兩名是智商有問題的特殊學生。

每天到學校，我最期待的就是吃便當。這也是我最驕傲的時刻，因為阿爸是總鋪師，家裡常常有各種辦桌用剩的豪華食材。在那個大家普遍窮困的年代，我的便當裡有雞腿、排骨不稀奇，常常還有佛跳牆、龍蝦干貝。一打開便當，所有的同學都圍上來。

我身材高壯、胃口很好，通常早上十點，我的肚子就餓了，下課就把便當吃個精光。中午沒便當吃，就餓著，阿爸沒給我零用錢，所以我也沒辦法買零食。只能一直忍著餓，餓到放學回家才有東西吃，有時候真忍不住了，我就去灌白開水。

後來，我想了一個辦法，我請每天幫我準備便當的阿祖多準備幾個便當，反正家裡的剩菜和食材很多，我一天就帶好幾個豪華便當去學校。去幹嘛呢？再好吃的便當，你一天吃兩個還是會膩，何況我一次帶了五、六個便當，怎麼可能吃得完。於是我把多的便當拿去賣同學，再把錢拿去買零食，這樣我中午就有東西吃了。

想想這大概是從小我就跟著阿公賣菜潛移默化的結果吧。做生意最原初、最根本的目的就是滿足買賣雙方的需求，金錢只是其中的媒介，賺錢不是真正的目的，而是在這個交易裡面，我們兩方的需求都被滿足了。同學吃到想吃的便當，而我可以不必餓肚子，還能吃到我一直想吃卻沒錢買的零食。這才是做生意最完美的實踐，並不是單純為了：「我要賺多少錢」，而是這些賺來的錢能滿足我哪些迫切的需求。

不做總鋪師，阿爸罵我懶

雖然我在學校成績不好，但似乎先天對做生意就有某種敏感，以前每次放假，阿爸要出門辦桌，我都得去幫忙。辦桌是非常辛苦的行業，大概凌晨三點就要起床，一早到果菜市場挑菜，一路洗菜、切菜，然後炒菜、煮飯，晚上六點左右開席。酒席結束後，還要收拾，忙完到家幾乎就快半夜十二點了。

最辛苦的是，夏天熱得要命，冬天冷得要死。我還記得冬天要早起到市場挑菜，前一晚的疲憊還在就要早起，幾乎是閉著眼睛穿衣服，然後出門。洗菜、洗碗時，雙手因為凍得刺痛，人才稍稍醒來。夏天則是一種折磨，瓦斯爐的大火就在旁邊燒，大鍋、大鼎不是熱油就是蒸籠在蒸食物，人站在旁邊處理食材，汗就像水龍頭一樣，止不住。我身上的毛巾常常是濕了又乾，乾了又濕，一次要帶好幾條才夠用。

那個年代，剛好台灣經濟開始起飛，阿爸辦的酒席都是在路邊露天搭棚的場合。我小時候，家家戶戶只要有喜事或喪事，大家也沒什麼錢，大多因陋就簡，請個廚師，在路邊搭棚，辦一下流水席。熱鬧有餘，但不見得吃得舒服，我們做得辛苦，客人在路邊吃飯要忍受車子的廢氣，冬天又冷，夏天又熱，怎麼吃都不體面。

當大家慢慢有錢了，自然而然會找舒服的地方用餐，漸漸地，選擇在路邊搭棚辦流水席的人越來越少了。我在國中時，就發現了這個趨勢，阿爸原本打算要把辦桌的事業交給我，但我那時就常對阿爸說，辦桌這行未來會沒落，一定不能做了。

阿爸是個老實人，他沒想過未來會怎樣，只專注眼前看到的，當我直言不諱跟他說，辦桌未來沒市場，他非常生氣，還罵了我好幾回。他認為，我是好吃懶做才不願意跟他做辦桌。

其實，適當的好吃懶做才會激勵人向上。攤開人類的文明過程，人為了想省力，所以找了牛、馬來拖貨。人類發現獸力運送貨物的能力有限，於是發明蒸汽機動力的交通工具來運送更大量的貨品。人類發明機械車輛，不就是因為自己懶嗎？

我覺得，每個人都要認清楚自己的能力極限，如果當你花費了你能力的極限後，卻不見得能得到你想要的結果時，你就要思考哪裡出了問題。你需要一個省力而有效率的方法來解決問題。歸結來說，這就是以「懶」為出發點，尋求省時省力的解決方案。

對我來說，當時的辦桌事業花了我一整天的精力在裡面，得到的回報竟僅能供溫飽，我隱隱嗅到了不對勁的地方。當你看著來吃辦桌的客人一戶一戶減少時，就要開始有危機意識。要比別人多想幾步，多想就會看到這個行業中那些沒被看到的未來，因為你看到了未來的發展，多少就比別人有更多機會去調整自己的腳步。

最後，辦桌這個行業也果真如我當初所預期的，慢慢沒落了。

錯過學校教育的遺憾

學校念書的那段時間，我很天真地以為，反正我以後要去做生意賺錢，學校的功課對我以後完全沒幫助，所以不用特別認真。賺錢需要三角函數嗎？需要背《論語》嗎？需要死背歷史年代嗎？你只要到市場走一圈，就會發現這些人賺錢，就只是要簡單的數學算錢就夠了，其他學校的知識一點也用不上。

我那時候太年輕，也沒長輩的提點，以致想法真的是大錯特錯了。學校教的知識看似現在用不上，但不代表以後都不會用到。就連我以為的市場攤販，其實也不是我表面上看的那樣，他們才不是光靠簡單的算數加減就能賺錢。好比，市場的小販要向人租攤位，是不是要具備一點法律知識，才看得懂合約？怎樣進貨、怎樣出貨，這是物流管理，是一套專業的學問。如何把好的商品推到市場曝光，用顧客懂的語言去解釋商品，這是行銷。

市場小販與客人之間的交易，每個細節都是學校課堂的某個概念的實際操作、延伸。會說書上的知識無用，都是因為你不懂得活用這些知識，才會認為無用。而所謂的知識，也不是我從前認為的很偏狹的，例如數學、國文、理化……這種僵硬的分類。

我得老實承認，一直到國中畢業，英文字母二十六個我背不齊，你拿中文報紙讓我讀，我會有好幾個字不認得，而且讀得很卡。早就立志要去做生意的我，以為書沒讀好這種事並不會影響我。直到某一次要和人簽合約時，我根本不知道從何擬起，很寒酸地用了一張A4影印紙，寫了不太通順的句子，拿去給對方看時，對方很有耐心教我要怎麼寫、怎麼用字遣詞、合約條文代表什麼意思……

那一刻，我才真的發現原來學校教育是如此重要，即便我只是立志要到市場做生意，也事涉各種學問。沒有好好念書，是我父母早逝之外，最大的遺憾。

我想，人生常有些時候，你是急著長大。我的童年沒有錢，阿母又早走，我心想，我要早點獨立，所以把學校功課全放掉，急著想走出校門，闖出一片事業。殊不知，走太快的人，不見得是最快到達目的地的人。

台灣是一個很急的社會，辦事講求效率，但有時就因為太講效率了，常常錯過了真正該看的風景。我想，我學歷上的缺憾有部分原因就是如此，我急著想要走在比別人更前面，卻忽略了我根本站都還沒站好，就跟著人用跑的。

然而，我一開始對未來的想像是很簡單的。我想做一個小生意，會賺錢的就好，至於要賣什麼，我根本不知道。可能是市場裡賣肉的攤販，或是賣菜的蔬果商，如果順利幹了幾年，可能就是一個小中盤商。

受的教育有限，你對自己未來的想像自然而然也變得很狹窄，你四周見到的，都是和你同一個社會階層的人，如果給你一個機會大膽作夢，你可能連作夢都不會。這就是當時的我——想做一個小小的生意人，安安穩穩過下半輩子。

雖然說，沒有好好念書局限了我的眼光，但命運待我不薄，也是在求學的這段時間，我喜歡上一個女生，叫做阿馨。阿馨長相十分清秀，是我一個遠房親戚的女兒，我們曾經在大家族的聚會見過，但我一點都不起眼，她一定對我沒有印象。

苦悶而無聊的校園生活中，我每天期待的，除了家裡帶來的豪華便當之外，更期待在校園裡見到阿馨。甚至為了多看她幾眼，我會特地選搭跟她同一條路線的公車，哪怕我家根本是在另一個方向。

我可以為了她，多走十多分的路程假裝與她不期而遇，或是繞到天橋上多看她幾眼。

而她似乎從來沒有發現，有一個男生這樣默默觀察她很久了。我從來不敢向阿馨告白，像我這樣沒家世、沒成績的男人，阿馨一定根本不看在眼裡。沒想到我和阿馨在多年後重逢，人生真的很奇妙，在你不抱任何期待的時刻，突然轉了一個大彎。

爲一口氣，也爲自己

學校的生活沒有讓我得到太多成就感，老師也瞧不起像我們這種出身的學生，所以和老師沒有特別的互動。每個人一生或多或少都能說出最感激的老師，但我想了很久，想不起來哪個老師曾對我產生巨大正面的影響。

說起來，唯一和老師互動的機會，是兩個妹妹在學校出了問題，當時阿爸工作忙，阿公年紀也大，家裡沒有大人可以到學校出面處理，我通常就是接替「大人」的不二人選。小學時，妹妹在學校有事，也還是小學生的我，卻要當「大人」去和老師「談事情」。

由於年紀還小，常常老師說什麼，我都只能摸摸鼻子說好；到了國中，我就不再這麼順服了，妹妹有個小學老師常常找她麻煩，有次還因故打了妹妹一巴掌，要我到校處理。那一刻，我真的覺得徹底被羞辱，就算錯的是妹妹，怎麼可以打人巴掌？雖然我的家庭來自底層，但我們家教訓小孩也不會打巴掌。人有基本的自尊，你要如何教訓人都沒關係，但絕對不能把人的尊嚴踩在腳底下。

我才剛念國中，青春期的情緒比較剛烈也來得快，老師當面教訓我和妹妹，我心想，你打人已經很過分了，為什麼我還要站在這裡聽你訓話？我越想越不服氣，當下忍不住，聽到一半就直接對老師開罵，老師一時嚇住，不敢回嘴，之後，老師就沒再找妹妹麻煩了。

到了這個年紀回想起來，事情應該有更圓融的處理方式，以我現在的行事風格，遇到再大的困境，也不會與人起衝突。所謂事緩則圓，人在事情發生的當下難免會出現激動情緒，但只要稍微退後幾步，冷靜一下，就不會有過於激烈的行為發生。

國中那一年，我罵了老師，表面上好像解決了妹妹的困境，但老師會怎麼看妹妹？怎麼看我們這個家？應該是有更好的處理方式才對。這也是我成長過程中的一個縮影：我沒有任何支持我的資源，發生了任何事，我就被推到第一線獨自面對。如果，我能遇到一個好的老師、好的長輩給我一些指引，也許我可以減少很多人生路上不必要的碰撞。

收餿水，也賣舞廳門票

學校成績差，我往外發展，交了一些不好的朋友，朋友間呼朋引伴，常為一點小事替朋友出頭。有一次，朋友間因小事翻臉，有人竟跑到我家門口放火，院子的一角被燒得黑漆漆的。阿爸知道之後，非常生氣，他一輩子就怕我變壞，沒想到我還真的往「歪路」上發展。

隔幾天，阿爸就把我送去一個親戚家工作，親戚是養豬的，常常開著小卡車到街頭巷尾的餐廳收餿水，收餿水是個很耗體力、環境惡臭的工作。我從小就是個有潔癖的人，平常出門穿著乾淨是基本，也絕不容許身上傳出難聞的體味，收餿水的工作對我來說簡直是難以承受的折磨。

我坐在小卡車上，繞著整個大台北收餿水，每天一早出門，收完餿水還要回去餵豬，整個人又臭又累。我一直求阿爸讓我回家，他不肯，幾個月後，疼小孩的他，看我過成這樣也捨不得，終於答應讓我回家。

在沒人陪伴、支持的狀況下，原本在國中畢業後我就不打算繼續升學了。當時，我偶爾會和朋友到西門町的舞廳跳舞，觀察了好幾家舞廳，發現都是固定一群人在管理，他們向舞客收錢，又在舞廳裡跳免費的舞，世上怎會有這樣好康的事！

我請朋友去打聽，原來當時所有舞廳業者都會將時段分租出去，由這些承包時段的中間人去賣門票，於是一場下來，中間人付出的場地租金和門票收入，大約就有五、六萬的淨利。

在朋友的牽線下，我也開始賣舞廳門票，但要賣給誰呢？當時跳舞的人都是學生，為了賣票，我決定繼續念高中。

小學時，我每天上學等著吃便當；高中時，我每天上學是為了賣門票。我一到學校，就四處認識朋友，建立關係。有了這些人的關係，才能推銷我的門票。做這件事讓我曉得人脈的重要，人脈帶來錢脈，沒有人脈寸步難行。

人是一種群居的生物，很多需求要靠別人提供，一個人是無法獨立生存在這個世界上的。我們需要他人的協助，問題是，為何別人要協助你呢？我的看法很實際，你要先讓自己成為對方眼中可利用之人，第二步是你要比對方先伸出援手，提供對方需要的服務和資源。

我相信人都有善念，對於他人的協助必然點滴在心，有所感受。你幫過人家一次，也許對方沒有回應，但第二次、第三次，對方一定會有所感受。我在校園裡賣舞廳門票，並不是強硬推銷，只是很簡單讓大家知道，如果想去舞廳跳舞，我可以介紹幾家不錯又便宜的地方。

我所做的就是到處認識同學，把消息放出去，有時請同學們喝個飲料，吃點雞排、零嘴，讓大家慢慢知道我這個人，有事可以找我。

校園的舞廳生意做得不錯，但每隔一段時間，我就會轉學，因為學校會買票的學生已經被我開發得差不多了。所有的市場都有飽和的一天，我生性喜歡冒險，飽和的市場我覺得沒有意思。每天不念書，只把賣門票當事業經營的我，當然不會自滿於這樣的成就。

轉學後，每到新的一所學校，我就重新經營人際關係。我從不怕困難，有問題就直接面對解決，這可能是因為我一路以來都靠自己摸索：小時候代替家長到學校處理妹妹的問題；念書沒有成就感，就自己找有興趣的事情做；賣門票遇到困難，也沒人可以問，只能靠自己想辦法。

基本上，我在高中不做觸犯校規的事，教官和我也處得很好。至於舞廳生意，表面上看起來龍蛇雜處、人際複雜，但我認為只要心夠堅定，不見得會惹上麻煩。

我當時承包了很多家舞廳，舞廳老闆都很喜歡我，我總是能把門票賣光，讓來跳舞的人盡興，老闆收得到錢，我也有佣金可賺。好的生意模式就是讓買賣雙方都得到自己想要的東西，合作愉快。

然而，事情不會永遠只有順利的一面。舞廳生意常有黑道人士想介入，我曾經因為舞廳生意太好，被幫派分子架到巷子裡威脅。那時候，我才十幾歲，第一次遇到這樣的事，說不害怕是騙人的。

人在遇到危急的時候，越是害怕越要裝作冷靜。外表的冷靜可以帶給對方壓力，同時也為自己壯膽。如果一個人遇到緊急狀況，自己就先慌了，人心裡一恐懼，各種弱點就會暴露在對手面前。

我對來勒索的黑道說：「錢的事好談，沒有問題，但這個場子我不是做主的人，麻煩請找我的老闆，他會負責滿足各位兄弟的需要。」我很清楚，黑道就是來要錢、插旗而已，只要滿足他們的需求，他們就不會找我麻煩。而要滿足給錢的需求，不是我能決定的，只有舞廳老闆能決定，畢竟我只是一個幫人打工的小孩子嘛。

只要理解對方的需求，分析客觀條件，就算是黑道也並非全然不能溝通的。後來舞廳老闆出面，我就在這樣的風波中全身而退。

我看起來脾氣不好，不講話的時候，被說看起來很凶惡，年輕時偶爾因朋友間的情義相挺，打過幾次架。但那是年輕的血氣方剛，年歲漸長之後，我的脾氣稜角也就慢慢被磨掉了。

當最後一個支持自己的人離去

那時是我第一次賺錢，就包了一個大紅包給阿祖，還帶家人上館子。阿祖很高興，覺得我年紀輕輕就懂得賺錢，但同時也擔心，這麼年輕的小孩怎麼不念書，要這樣賺錢？我跟阿祖說：「不用擔心，我以後一定會賺更多錢。」我要證明不會讀冊的小孩，也一樣有成就。

我還記得阿祖在餐廳開心吃飯的樣子，我知道，在她心中，不管我有沒有成就，不管我會不會念書，他都一樣疼我。

後來，阿祖臥病在床，沒多久就過世了。這件事對我打擊很大，我從小就失去阿母，和阿爸的感情也不親，阿公和阿祖幾乎就是我對父母的情感投射。如果說，我成長在這樣的環境而沒有變壞、走歪路，其實要感謝阿公和阿祖，他們無保留地愛我，讓我覺得活在世上，還有人在意你穿得好不好、吃得飽不飽。

阿公和阿祖走了之後，我覺得世界上再也沒有人這樣愛我，內心非常空虛，但我從來沒有想過放棄自己。小時候，有阿公和阿祖溫暖地包容我，從不責備我，一個人成長過程中，只要有一個長輩一直提供溫暖的包容，做你最後的避風港，那麼這個人長大後必定擁有堅強的心智。

我覺得這些長輩在我生命中就是扮演這樣的角色，我百屈不撓、越戰越勇的精神，很可能就是來自於這樣的成長過程。

即使阿公和阿祖過世讓我很難過，因為我知道自己在世上已經無人可以依靠，不再能耍賴，做錯事也沒人會毫無保留地包容你。雖然，我的成長過程都是我一個人面對各種狀況，但阿公和阿祖一直扮演最後支持我的人，似乎只要知道他們在，我就感到莫名的心安。

長輩們不在之後，是絕境中的絕境。我有兩條路可走：一是自暴自棄，反正已經沒有人在乎我成不成功，就這樣繼續得過且過下去也行；另一條路則是，我只剩下我自己了，我必須對自己負責，正因為沒有人會在後面支持我，我必須變得更堅強。

後來，台北的舞廳熱潮慢慢過了，我乾脆辦了休學，直接去當兵。當兵的環境很惡劣，內外交迫的日子非常難熬。然而，只有在困頓時才能彰顯一個人的特質。那段日子，我告訴自己，不能再像當兵前那樣，到處混日子，靠舞廳收入維生。我一定要靠自己闖出一片事業，不為任何人，就為一口氣，為自己。

Chapter 2

做「人」的生意

我很清楚喪禮對亡者和家屬的重要，那是一種關於心的撫慰。我們做「人」的生意，做任何事都必須打到對方的「心」才行。

送花圈小弟

現在回想起來，我的童年大部分時間都待在家裡，哪裡都沒去。沒有任何來自外面的訊息，什麼都沒有。偶爾和鄰居在外面打棒球、捉迷藏，一家人最常做的互動就是看電視。我沒有特殊的休閒嗜好，也沒什麼朋友，說起來，我最好的朋友就是阿公、阿嬤、阿祖吧。

這種背景的小孩，對未來的想像很貧乏，我甚至連作文題目：「我的志願」都不知道可以寫什麼職業。看別的同學寫想當老師、當太空人、當醫生，我就好羨慕，像我這種書念不好，也沒有專長的小孩，完全沒想過這個世界上，到底有什麼有趣的事值得一輩子投入心力追求，自然而然，我對未來是一片茫然。

常聽到一句話：「出名要趁早」，出名為何要早呢？因為你立志得早，比別人先投入心血，自然就可能比別人還要早成功、成名。所以，「出名趁早」這句話的另一個意思就是：「立志也要趁早」。

我是一個太晚知道自己要做什麼的人，如果能早一點讓我明白自己有興趣的事，早點投入精神和努力，人生也就不會白白浪費一大段時間了。

為了賣舞廳門票，我去念高中，但舞廳的熱潮幾年就過去，我一下子，又沒有了工作。不過，從小阿爸就不肯給我零用錢，讓我養成了「賺錢」的習慣，不管要買什麼，都是我自己打工存錢。

在這樣的環境下，雖然還不知道未來在哪裡，但我有一個說起來俗氣的興趣：賺錢。小時候，賺錢是為了物質享受，例如我曾經打工一整年，就是為了存錢買一輛摩托車，我還記得是「追風一五〇」，花了大約七萬元，買不到一個星期就被偷走了。

這是我存了很久的錢才完成的夢想，但這個夢只維持短短不到七天！我不甘心，沿著當時停車位置附近的大馬路，來來回回走了一整個下午，就是找不到車子。到警局報案，失竊的車子這麼多，能幸運找回來的也不多。

這件事讓我突然意識到，物質的享受是片刻會過去的，但賺錢應該要有一個更高的層次、更有意義的目標才對。那時候，我太年輕，沒有想通，這個疑問只是一直輕輕放在心中。

表面上追逐金錢的「做生意」，通常不會長久。因為你沒有熱情，對行業沒有投入時間研究，只是跟風，看人做什麼賺錢，就心癢拿錢跟著做，一來你對這個行業不了解；二來人家都先做了，你再跟風，已失去了先機。

第一次創業就失敗

離開舞廳生意，我曾經做過一些生意。因為阿爸是做流水席的總鋪師，所以我也曾經想要開餐廳，可是餐廳開店的成本很高，我根本沒那些錢，只好退而求其次，開咖啡廳。

那時候，台北流行開咖啡廳、賣簡餐，幾乎走幾步路就可以看到這樣的店。再隔一陣子，這些咖啡廳不是換老闆經營，就是直接停業，改做別的生意。

我也曾經是這股風潮下的「受害者」。

我把高中那幾年賺來的錢，全拿出來和朋友合股，在台北東區開了一家咖啡廳。這是我第一次創業當老闆，非常開心，每天一早就到店裡報到，弄到三更半夜才回家。

老闆當得很起勁，但沒幾個月就發現，不太對勁。一整天沒幾組客人，我費盡心思，找遍朋友來店裡消費，但仍無法支撐一家店的運作。

當老闆很辛苦，什麼都要自己來。一早到市場採買、開店和關店時的打掃工作，甚至吧檯廚房料理，都由我一個人來做。不到半年，這家店就撐不下去了。房租的租金太高，營收連房租的一半都付不出來。

關店時，我賠了數十萬，幾乎把戶頭裡的錢賠到不剩。這件事對我打擊很大，怎麼老闆夢這麼快就醒了呢？我想讓阿爸過一點好日子的願望也破滅了。

然而，任何的失敗都是有意義的，如果只是沉浸在失敗的低潮情緒下，那這樣的失敗對你來說就沒有任何幫助。失敗後的沮喪很正常，一定會有，但要讓這些情緒趕快過去，理性思考究竟哪裡做不夠、哪裡做不對，日後才能改進。

咖啡廳失敗的原因很簡單，就是因為我不夠專業。當老闆看起來容易，把錢拿出來投資，就可以當老闆，但是要營運一家店、一間公司，靠的不是有錢就行，靠的是專業。

專業，指的是對這一行的了解。說實話，我對咖啡一點都不了解，開店時隨便向人問一問，就開始半調子站櫃檯煮咖啡、準備簡餐；也不懂成本控制，不了解庫存的食材要準備多少，準備得少會不夠用，備得太多又會壞掉。

這些細節都是學問，可是我都沒想過，就直接開店了，會成功的話是運氣好，會失敗則是正常。

另一方面，台北市的咖啡廳已經飽和了，我在開店前，也沒有仔細研究過市場。關店之後，我認真數了一下，在我的店附近幾百公尺巷子裡，開了大約有十家咖啡廳，這麼飽和的市場，除非你的商品有著很細緻的區隔，才有可能賺錢，若是做不出區隔，最好遠離這個市場。

綜合了失敗的因素，我大致得到幾個關於創業的想法。首先，我要了解這個行業，才能再把錢投資進去；再來，我打算投入的這個行業，到底還有沒有市場空間可以讓我發揮？這也要徹底研究清楚。

生意失敗之後，我在家閒晃了好一陣子，我到處想，我能做什麼？有什麼生意可以賺錢？而賺這樣的錢，可以讓我生命中獲得成就感？

我想了很久，找到了一個行業。

朝五晚九，血汗上工

因為阿爸工作的關係，我從小跟著他四處跑，宴客流水席通常不外乎：婚、喪這兩種。婚禮籌備這方面，能賺的行業不是我做得起，婚紗、新娘化妝這類的工作離我太遙遠了。

於是，我可能會稍微熟悉的，應該是「喪」這方面的服務。這世上有兩件事絕對不會消失：一是一定有人結婚，二是一定有人死亡。我做不了結婚的生意，那我就改做死人的生意。

我跟著阿爸做酒席，觀察喪家與殯儀公司的互動，就有種直覺，這是個很有發展性的行業。我當時對這個行業根本也不了解，只憑著一股直覺，嗅到錢的味道。

在早年台灣的殯葬服務裡，做殯儀服務、幫喪家辦儀式的大多是家庭式的小型公司，幾個人就可以搞定喪禮，生意好時，一個星期還能做好幾場。

我那時的想法也算是天真，認為這種只要幾個人做起來的生意應該不難，我願意吃苦，願意做事，我就不相信我做不起來。

不過，這次我沒有像開咖啡廳那樣衝動。我有一個舅舅專門在做喪禮告別式的花卉生意，我看他的生意很好，心想就先從這裡入手。

我向舅舅提議，我到他的店裡上班，按件計酬，幫他送花圈。

這次我知道了，做生意要先從基層開始，一開始就當老闆，通常做得不會長久。你不從基層做起，就無法透徹了解這個產業，不了解這個產業，又怎麼能夠在這行出人頭地呢？

送花圈看似不重要的工作，可是在送的過程中，可以接觸到這個行業的各種人，認識他們，累積人脈，了解這個行業各種細節，才能知道自己可以在哪個環節做得比同業更好。

我都打算好了，只差向阿爸要錢買一輛載貨的發財車了。但阿爸錢管得很嚴，我要了好幾次，他才勉為其難地讓我買了一輛小發財車，我每天就開著新車去載貨。

有一次，阿爸要去喝喜酒，我主動提議：「我開新車載你去喝喜酒吧！」

阿爸很冷淡地回我：「免，阮叫計程車就好了。」

我後來回想，阿爸和我一樣愛面子，發財車是工作用的車，就算是新車，搭這種車去喝喜酒，被親戚看到一樣很沒面子。我那時候暗暗發誓，我一定要趕快存錢買一輛轎車，讓阿爸風風光光出門。

很多人說，愛面子不是一件好事，但我反而認為，真正會成功的人都是因為愛面子。因為愛面子，你想讓家人風光，想讓他們過好日子，所以你會比別人拚，努力把面子掙回來，愛面子有時候是驅策你更努力的力量。

舅舅平常就跟我很親，對於我扛花圈的提議也欣然接受。當時他的生意太好了，也缺人手做這些事。我那時剛退伍，年輕力壯，沒什麼事難得倒我。我每天清晨五點就出門，一路做到晚上九點才回家。

只要肯做，就會有收穫，做牛不怕沒田犁，我原本是一直相信這個道理的。但當我做了一個月之後，我發現「做牛不怕沒田犁」這句話是有問題的，我早出晚歸，做得這麼努力，拿到的月薪只有兩萬六，扣掉油錢、飯錢，幾乎什麼也沒剩。

為什麼會這樣？我還要繼續堅持下去嗎？

阿爸哭著要我別做了

我這麼拚命做，為什麼只有這麼少的薪水？

初入這個行業，我就明瞭到一件事：原來這個世界不是你付出多少力氣，就會有多少收穫。我當時扛花圈的工作，大約早上六點出門，載著滿車花圈到告別式會場，一支花圈五十元的「工錢」。

我穿著破牛仔褲和髒T恤，腳穿涼鞋，滿身大汗在不同的告別式場合穿梭，回家時，又累又臭，已經晚上八點多了。這麼辛苦，結果只有這麼一點錢，我食量大，便當一餐要兩個，新車的貸款、車子在大台北地區四處奔波的油錢。兩萬六的薪水，剛剛好沒剩多少。

我跑去向舅舅抱怨，他答應幫我加薪，但加的薪水也才多一、兩千元，根本不夠用。怎麼辦呢？我車子已經買了，半途退出這行，車子的貸款要怎麼辦？此外，我真的不甘心，如果這樣就放棄，我還能做什麼呢？我已經沒退路了。

在困境的時候，人們常常會執著在眼前的困難而鑽牛角尖，走不出來。但我習慣跳出來看，看看是不是還有任何機會。雖然，送一支花圈只有五十元，一場五、六十支花圈，我拿到的錢還是杯水車薪。不過，我不能只看我拿到多少錢，要看這整個市場到底有沒有發展。

一場喪禮，不是只有花的生意而已，這個產業還包含了：紙紮、棺木、誦經、殯葬納骨、禮儀服務。如果光是花圈的生意就有這麼大的規模，代表這個產業規模十分龐大。

從最早的咖啡廳創業，我學到的是不跟風，人家已經做熱的產業，你才投入，就已經慢了好幾步。當年，殯葬禮儀服務還不是很成熟，而且是一個被大家「嫌惡」的行業，即便在我創業初期，在社交場合都被警告不要遞名片，因為會觸大家的「霉頭」，而在一些少數發名片的場合，有時對方還會直接把名片當著你的面丟掉。

這是一個人人嫌惡的產業，但同時也是一個處處是機會的龐大商機。我決定留下來，但問題是，我要如何留下來？我當時工作有兩個主要的目標：其一是賺錢，讓家裡安心；其二是在這個行業裡尋找發展的機會。我選擇從花卉生意切入，但我並不只是把目光僅僅放在花而已，我那時候就確定志向，要往殯葬禮儀產業發展，我不會只做一輩子扛花圈的基層工人而已。這只是我踏入這個產業，最基本的第一步而已。

站在一旁，「看」著學

送花圈，每天要送很多場喪禮告別式，自然而然，你會遇到這個行業的各種人，因為對這個產業有企圖心，所以我會特意和這些「未來的同業」交流，看他們怎麼做禮儀，如何經營這樣的產業。遇到我不懂的事就問這些前輩，有些前輩人很好，會熱情告訴你所有的細節儀式，但也有些人不願意教你，這也沒關係，你可以站在旁邊觀察，看久了，也多少會有點心得。

就像我從小跟著阿爸做酒席生意，有次阿爸叫我去炒菜，我回他：「你又沒教我，我怎麼會？」他破口大罵：「×你娘，什麼叫沒有教你？沒教，你是沒在旁邊看嗎？都不曉得用看的，沒有心。」雖然我後來沒做總鋪師，但阿爸這個教訓讓我後來明白了，很多事的「學」，不是非得有個人以老師的身分教你，默默觀察別人怎麼做，只要有心，也是一個學習的機會。

當我下定決心留在這個產業之後，我碰到的下一個問題是：那我該怎麼多賺一點錢？

我觀察到當時告別式的狀況，那個年代，人們把生與死看成很重要的大事，像告別式、喪禮都肯花大錢做，比排場，講氣氛。一場告別式的花圈通常有六十支以上，而這些花圈用過一次之後，就留在原地腐壞，也沒人收。

從小，我陪阿公四處收破爛，看著滿地廢棄的花籃、花圈，我心中閃過一個念頭：「這些東西怎麼不拿來回收變賣呢？」於是，我送花圈之餘，還要騰出時間收廢花圈，整批收回來，放在倉庫裡，一個一個整理之後，再轉賣給舊貨商。

收花圈除了壓縮我正常的工作時間之外，還得面對隨時被殯儀館員工責罵的風險。這些花圈本來就沒人收，被丟在一邊，但殯儀館員工一向看不起我們這種產業的底層勞工，會找盡各種理由為難我們。像是明明就沒人要的廢花圈，還是不准我們收，甚至夏天天氣熱，我拿水壺去飲水機裝水，也會被員工趕走，他們說：「這水是要給參加告別式的家屬喝的，不是要給你們這種人喝的。」

什麼叫做「你們這種人」？這個行業就是處處被人瞧不起，即便是產業裡的相關人員，還是有些人會覺得比你高人一等，可以對你頤指氣使。遇到這種不平的對待，更堅定我的志向：我一定要在這個行業裡出人頭地，讓這些看不起我的人刮目相看。

阿爸的背影

整理這些花圈要花很多時間，一般的塑膠架可以賣十元，好一點的鐵架可以賣二十元，一些特殊造型的花架則更高。花圈上的花都是用牙籤一朵一朵插下去的，所以我整理這些廢花圈時，要把牙籤一支一支拆下來才能賣錢。牙籤插得深，有時不注意，手指常常被戳得流血。幾個月下來，我的手已經滿是傷痕了。

拚命工作的這段日子，阿爸和我一如往常，沒有什麼話聊，他對於我在外面做什麼工作，也不清楚。只不過，他看我每天早出晚歸，回家時一身髒臭的模樣，想必是充滿疑惑與心疼。他是一個傳統的台灣男人，任何關心的話都不會說出口。

我還記得，我剛到花店工作一個多月後，有天清晨，我照常早起去店裡，拉起鐵門，就一個人躲在倉庫，整理昨天收回來的廢花圈，整理完之後，再送去給收舊貨的人，騰出來的空間才有辦法堆放今天要收回來的廢花圈。

每天，我就是這樣和時間賽跑，整理完廢花圈，趕快出門，把新的花圈送到即將開始的告別式。每一天，我幾乎沒有時間停下來思考。

這一天，我低頭整理花圈，把花圈上的木條、牙籤仔仔細細拆下來，突然，門口外，有一個人叫我的名字：「阿原。」我抬頭一看，是阿爸，我問他怎麼會來這裡。他說，他不放心我，怕我在外面為非作歹，故意早起，跟蹤我出來，看我到底在做什麼事業。

我以為阿爸會以我為傲，沒想到他鼻頭、眼眶一紅：「你不要做這個，跟我回去。」我明白他當時的心情，在家裡他總是一個冰冷的嚴肅父親，但心底卻是怕兒子受苦。我一個這麼大個的男人，彎著腰在整理這些破銅爛鐵，把自己搞得又髒又臭，阿爸是捨不得我做這些事。

他要我回家，我不肯。他又說：「不然，我每個月付你五萬元，你跟我做總鋪師。」我知道酒席的工作不太可能有五萬元，阿爸是捨不得我，寧可他用自己的錢讓兒子過好一點的日子。

我知道阿爸的苦心，但同時也為自己不成材、讓阿爸操心而感到心酸。我就是不想讓人看不起，我告訴阿爸，請他放心，我沒有變壞，做這個工作，是要賺大錢讓他享清福，請他不要擔心。

阿爸是不擅長說話的傳統男人，他只是默默站在門外等我，我知道他這個意思是要我跟他回家，我一連對他說了好幾次：「轉去啦，阿爸。我一定會賺大錢啦。你快轉去啦。」最後，他受不了我堅定的態度，轉身默默走了。

我跟阿爸一直不親，除了阿母過世之外，我從沒看過他哭。那一天，他因為我的工作而紅了眼眶，我突然覺得心情很複雜。

阿爸離開公司的背影一直深深烙在我心底。我對阿爸說的那句：「你快轉去，我一定會賺大錢。」像是我和他的父子約定，每當我感到低潮、事業受挫，阿爸的背影，還有這句話，一定會浮出我腦海裡，激勵我低落的心情。

阿爸來看過之後，我更堅定要努力的志向，就算做花圈再苦，也要撐下去，下雨颱風，都不休息，一整年只有農曆七月和過年才放假。有時候，在車上睡一、兩個小時就醒來工作，我相信做這行的人，像我這麼拚的人絕對是少之又少。

辛苦終於有了回報。回收那些廢花圈，每個月就有三萬元的收入，我每個月拿三萬元給阿爸，他告訴我，這錢他拿去幫我跟一個三萬元的會，將來這些會錢就給我創業或做娶老婆的聘金，他是一毛錢也不會跟我拿的。

像阿爸這種一輩子不會對小孩說關心話的老人家，這是他對兒子所能表達最大的關懷。在這一行起起落落很多回，阿爸總是勸我回家。我一直堅持不肯回去，父子就這樣斷斷續續起衝突。即便有衝突，我心底一直明白，他是這世上最關心我的人之一。

在太平間過夜

阿爸是總鋪師，我從小就常幫忙酒席的工作，這個工作也是辛苦。早上六點就要出門，買菜、備菜、整理場地，等到酒席結束之後，還要收拾，一直弄到晚上十一點才能回家。炒的菜是大鍋，備的菜動輒上百斤，這些都需要很大的體力才能負荷得了。

可能是我天生有的「生意鼻」，我在國中時就對阿爸說，辦桌這一行以後一定會沒落，你看夏天熱得要死，冬天又冷得要死，客人在路邊棚架下吃飯，吃得一點也不舒服，注定被時代淘汰。阿爸每回聽到我這樣說，都會非常生氣。對阿爸來說，做這一行養活了一大家子，而且在那個年代還算是不錯的收入，貿然告訴他這一行會沒落，對他來說是一個很大的打擊。

果不其然，現在已經越來越少人在戶外吃酒席了。

比起怕鬼，我更怕失敗

人總是在抗拒轉變。踏入這一行，對我來說也是一個很大的轉變，其中最需要調適的，是待在這一行的自卑感。每天在殯儀館出入扛花圈，都很怕別人看到，因為臉皮薄，我就更想翻轉這一行的形象，改變台灣社會對這一行的有色眼光。在日本，這一行叫「送行者」；在台灣卻被貶得很低，是一種不潔的行業。可是，細想這種刻板印象，很大一部分是來自人對死亡的恐懼。

很多同業喜歡上電視節目，大談這一行的鬼怪靈異經驗。老實說，我做這麼久，從來沒遇過靈異事件，我也無所禁忌。我認為，人只要心存善念，必有好事發生。

比如，人人忌諱七月，我結婚和搬家等人生大事都在七月進行。因為這一行一年四季都忙，只有七月，連死人也不出殯了，我們才有難得的喘息時間。

我為什麼不喜歡上電視談鬼怪經驗？因為大眾對這一行的刻板印象常常就來自這些鬼神傳說，到電視上再講這些鬼怪故事，只是更加深一般大眾對這個行業的恐懼。再者，我不喜歡說謊，我真的沒遇過任何靈異事件，要我上電視編造，我也真的是辦不到。

做這一行的，為了工作在太平間過夜是稀鬆平常的事，我睡了這麼久的太平間，沒見過任何鬼怪。

不過，你問我會不會怕？剛開始一定會怕，那是對未知事物的恐懼，就像轉換工作到一個未知的領域時，那種恐懼是類似的。我是一個膽小的人，但為了工作，太平間多睡幾回，也就不知道害怕是什麼了。

如果要說，比起怕鬼，我更害怕失敗。所以，我能克服各種恐懼待在這個行業裡，任何負面的事，我都讓它轉化成正面的力量。好比，我愛面子，怕別人看不起這個行業，那我就致力讓這個行業讓人看得起。

只不過，光靠愛面子並不能成功，愛面子同時也要厚臉皮，這是兩件衝突的事，你要巧妙在兩者之間取得平衡。我的出身背景，沒有太多資源，我不懂社交，也不懂如何處理生意上發生的問題。

像是回收廢花圈，殯儀館的員工為難我，有些同業看我回收有賺頭，也跟著搶收。在這個弱肉強食的世界裡，太愛面子，只要稍一示弱，就會被人生吞活剝，沒有任何機會。因此每當面對這些臨頭的刁難場面，我就厚著臉皮硬幹。

我不管你讓不讓我收，我直接去搶，反正這不是違法的事，誰先搶到就是誰的。比的是速度和體力，這很公平。面對各種勢力圍剿，我從不畏懼。

此外，我也不坐等生意上門。當時，這個產業有劃分好的勢力範圍，某個區的喪家大多由某家殯儀業者承包，彼此井水不犯河水。我不管這些，要進入一個市場，你必須要有一些破壞性。這個破壞性指兩方面：一方面是你要有破壞性的商品，打破這個市場對某項商品的刻板印象；另一方面，破壞現有的市場，你要打破傳統的分配結構，才能找到切入的機會。

如果你的商品沒有破壞性，對市場也遵守保守的勢力分配，那你只是一個新業者，必然沒有容納你的空間。

在殯儀館被打，也打響名號

就算是做花卉這種小生意，我也不畫地自限。送花圈的路上，只要看到路邊有人搭棚子辦喪事，我就走進去拉生意。也許這是天生的本能，我可以很自在地與陌生人聊天，也很容易和陌生人打成一片。

如何和陌生人聊天？其實沒什麼祕訣。我們通常和陌生人聊天，都有一個很強的目的，比如，你要向陌生人問路，或是像我這樣，向陌生人拉生意。當有一個很強的目的擺在眼前，你會不自覺地讓談話裡的每句問答都引導向這個目標。

然而，當一個陌生人和你聊天，接受到這麼具強烈目的性的談話，自然容易產生戒心，會感到不舒服。任何的談話，只要有一方覺得不對勁，對話都很難進行下去。說穿了，和陌生人談話就是要先洞悉對方的需求，把自己的目的放在一邊。

我去路邊喪家談生意，就是抱持這樣的想法。先了解喪家的需求，看看我們能不能提供他要的東西。如果對方已經有承辦的殯儀公司，或是覺得我提供的服務不符合他們的需求。就算是這樣，我也不會轉頭就走，多結交一個朋友，未來就多一個生意的可能。

隨機進入路邊喪家聊天拉生意，看似沒有任何計畫，但其實是我一步一步建立人脈的方式。當時的殯儀市場都已經有固定的勢力劃分，如果只是在店裡等著人進來，生意必死。只能用這種最笨的方法，一步一步把人脈建立起來。

我用這種笨方法，談成了好幾場花卉生意。成功的人要面子薄，才會想擺脫困境，追求成功；在此同時，成功的人也要厚臉皮，身段夠軟，去建立關係、談生意，就算沒有成功，也不輕易受到打擊。

我這樣拉了好幾場生意，舅舅的花店收到恐嚇了。其他殯儀公司因為我們搶了生意，四處託人發警告。我告訴舅舅：「生意沒有規定只有誰能做、誰不能做，再說，我去外面拉來的生意，還不是給你做。」他後來才沒有反對，但一路上我們收到的恐嚇不斷。

當時，很多同業對於我們這樣做生意很有意見。我的想法很簡單，市場上消費者要買什麼商品，是他們的自由，我們是靠好的商品來爭取消費者的青睞。你不能禁止我只能在什麼地方做生意，在什麼地方不能做，能不能做不是同業說了算，是消費者的選擇。自由市場本來就要提供競爭，讓好的商品出線。

因此，我才不管傳統業者之間的互相掣肘，我認為這就是不長進，也是這個行業遲遲無法提升形象的原因之一。

我們光明正大做生意，沒有使任何見不得人的招數，我們勤跑喪家，建立人脈，拿到更多的生意。不過，最後還是發生了一件上了報紙的衝突事件。

那天，我正在忙布置會場的花圈，突然接到舅媽的電話，她說舅舅在殯儀館被打了，要我盡快趕過去。我聽了馬上放下手邊的工作，開車到現場。才剛走進告別式會場，眼前七、八個大漢就圍了過來。他們知道我是舅舅公司的人，立刻圍上來，一個用手肘勒住我的脖子，一個對著我的頭狂毆，接著拳頭和腳就從四面八方往我身上落了下來。

我掙脫他們，我的眼鏡斷了，衣服破了，臉上流著血，我不顧揮來的拳頭，衝進會場把舅舅帶出來。幾個打我們的男子把現場搞得一團亂，後來警察介入，整個風波才落幕。

我一直記得那天，阿爸騎著機車載我回店裡，他嚇到把店的鐵門拉下來，就怕又有人追過來打。他真的被嚇到了，但我知道那群人只是無賴，只敢在殯儀館這樣的場合囂張。

後來我才弄清楚，原來是喪家對於和舅舅的價格談好的價錢，臨時反悔不認帳。你來我往的語言衝突下，打了舅舅，又看到我到現場，乾脆連我一起揍。很多人看我這樣，以為我是黑道，也許做這行的人部分是有這樣的背景，但我的出身非常平凡，和黑道一點關係也沒有。

黑道那些犯罪的賺錢誘惑，我不是沒想過，而是我深知那不是我應付得來的生意。人貴自知，不踏足那些自己做不來的生意是一種自保。不過，做生意一定有風險，你能自保，但必要時你必須勇敢面對。例如這種無理的暴力事件。

老實說，我真的不怕，打不死我的，必使我更強壯。自從我們在殯儀館被打了之後，原本排擠我們的同業、對我們不假辭色的殯儀館員工，也不敢輕視我們了。那件事上了報後，他們也都認識了我們：「他們就是被打的那家花店。」通常還會加上一句：「不怕打的那家。」

人說禍福相倚就是這個意思吧，原本是件壞事，竟然意外打響了我們的名號。這是我第一次遇到衝突事件，後來在這個行業裡，我還陸續遇到更可怕的暴力衝突，一件比一件可怕，但我仍挺了過來。

經營一個成功的事業，你需要愛面子，也需要厚臉皮，尤其是做我們這一行的，除了前述兩點之外，還要心臟夠強，膽子夠大。唯有如此，才能在這個競爭激烈、動盪不安的市場中存活下來。

冷冬的「生」意

一九九四年，我開了一家花店，專做殯儀生意。之前，我在舅舅的店裡幫忙，就是想進入這個行業。儘管花卉是殯葬儀式裡「含金量」最高的部分，但我的野心並不是僅停留在花卉生意，這裡只是我切入這個行業的入口。

為什麼花卉可以成為進入這個事業的「入口」呢？每場喪禮都會用到花，這代表我這個行業會和所有的喪家接觸，只要有接觸，就有做生意的可能。我不像一般送花的業者，把花送來，人就走了。我藉由送花的機會，觀察別人怎麼辦喪禮，找怎樣的師父辦法會、找什麼師姊來誦經。

華人的禮儀非常複雜，每個地區都有不同的風俗習性，怎麼學都學不完。台灣早年的殯儀事業被各方社會勢力壟斷，我有心要學，別人也不願意教。我曾經在一般的小型殯儀公司當員工，結果這些公司都是家庭式經營，彼此都是親戚，真正關鍵的生意眉角、談價錢、重要客戶的接洽，我全被排除在外。

幹了幾個月，我發覺自己在裡面只是被當作一般小弟使喚，根本學不到任何這個行業的學問，於是我決定離職，自己邊做邊學。離職的時候，我只帶走一份市場報價的價格表，從這件事可以知道，我入行時對這個行業多不了解，生疏到連報價的價格都不曉得，要偷看別人的報價單。

沒想到，我這個連報價都不會的人，最後會成為台灣最大的殯儀服務業。

我藉由做花卉生意，四處在喪禮上結交行業裡的各種人，我那時候心裡就已經打算，日後我要開一家自己的公司，哪些人是我以後會用到的、哪些人是我以後可以請教禮儀各種細節的人，我都默默記在心裡。

現在的社會，很多年輕人會抱怨，出社會工作很多事情學校沒教，沒人教過的東西，我不會。把自己的無能為力怪罪給學校和公司的前輩，這些抱怨合不合理可能見仁見智，但我能肯定的是，這些抱怨對於改變你的現況是一點幫助也沒有。與其坐在地上抱怨一切，為何不用心觀察四周有什麼可運用的資源呢？

長大之後，自己做生意，回想起阿爸辦桌時罵我的話，反而覺得很有道理。你都在炒鍋旁邊站這麼久了，至少用看的也該學會八分模樣吧？怎麼可能完全不會呢？阿爸那個年代，廚房裡的老師傅通常不會主動教學徒任何事，都是學徒在旁邊偷看偷學，等師傅覺得已經學到一個程度了，才肯開口提點做菜的各種關鍵眉角。

現在看起來，師傅其實是在測試學徒有沒有心做這一行，當你有心想做一件事，你就會想盡各種辦法、使盡各種手段去達到目的。

我和其他的殯儀業者不一樣，我沒有師傅、沒有資源、沒有後台或有力人士撐腰，但我有比所有人更強大的企圖心。正是如此的企圖心讓我和他們不同，沒有資源，照樣可以在市場上活下來。

多做一件笨事，多感動一個人

殯儀業可以粗分兩大塊：一塊是葬的部分，像墳地、納骨塔，這些事業涉及到土地、不動產，需要雄厚的資金才有辦法做得起來；另一塊是禮儀服務，像是喪禮上的各種禮儀細節，這部分的資金門檻沒那麼高，但賣的是服務，服務的對象是家屬，這種服務人的工作變數多又繁瑣，非常不易經營。

創業初期，我資金不多，當然只能從禮儀這塊入手。後來，我發現從事禮儀服務，真正重要的不是禮儀的細節要如何進行，而是家屬在禮儀的過程中，有沒有真正感受到服務的用心，這和我之前談的交朋友的原則很類似：你要看見人們的需求，提供人們要的服務，人們才會被感動。

交朋友要用心，做禮儀也要用心，甚至你從事這個行業，主動觀察、學習都是用心的結果。只要有心，你會把一些工作上多出來的事，看成一種學習。

畢竟花店的生意經營也很不容易，這個市場已接近飽和，所以我得另外開拓市場來增加收入。一般花卉有五天左右的生鮮期，從喪禮結束收回來，很多花圈上的花還是盛開的。花不便宜，卻得比照廢棄的花架、花籃回收，鮮花並不容易做，畢竟喪禮用過的花，一般人都忌諱，而且剩的花期也短，要用到什麼地方都很不方便。所以我除了送花，還會看喪家要怎麼辦各種手續，像是殯儀館的申請、死亡證明書的開立、各種繁瑣的手續。我做花圈生意拜託葬儀社捧場，別人為什麼要把生意給你做？我就替對方辦各種手續，一般人一生辦喪禮的機會很少，很多手續都不清楚，不如就由我們來幫忙，大家省事。事實上，當時大家叫我做什麼我都做，像是跑手續、流程，我不僅把這當成做生意的手段，這也是我認識這個產業的機會。

別人都說阿原怎麼這麼笨，幫別人免費做這麼多事。對我來說，做笨的事才是最聰明的，我拿到我要的，喪家也省去麻煩，是一個雙贏的局面。

我們都是做「人」的生意，做任何事都要打到對方的「心」才行。

我記憶最深的是，我的花店後來開始慢慢接一些殯儀服務，有年春節，突然接到一個喪家的案子。那年冬天很冷，天氣很不好，一直下著冰冷的小雨，那一家人的長輩突然過世，在過年期間，很難找到接手的殯儀公司。

對我們這一行的人來說，任何時間都有死人，所以幾乎是全年無休，只有兩個時期可以休假：一是七月，華人社會不習慣在鬼月發喪，這個月我們幾乎沒有生意，也是我們最空閒的時候。我做的是生死的事業，我不忌諱鬼月，反而因為七月時間多，所以人生的大事都是在七月完成，像是搬家、結婚。

另一個休假的期間就是春節，畢竟這是一年一度的大節日，這一行辛苦了一整年，春節休假是合情合理。只是，人生總是充滿措手不及的意外。

那時候，我的公司很小，只有我一人，加上一個配合的小職員，突然春節有喪家找上門來，生死是大事，喪家必定是一家問過一家，家家都拒絕，才找到我這間小公司。我只是多了一點同理心，家屬找不到殯儀公司，必定十分煩惱，反正我們公司小，工作彈性大，就當作幫對方一個忙，把事情辦得圓滿就好。

華人社會喜歡說：「好死」，不管你生前過得如何辛苦，至少在最後的這個階段，我們好好做禮儀，把儀式辦好，讓離開的人能相信這世上還是有美好的事，對在世的人來說，也因為這些儀式的過程，可以慢慢舒緩離別的痛苦。

不了解的人，會嫌：東方喪禮這麼多禮儀是鋪張、是浪費，對我們來說，其實每個儀式環節都是在撫慰家屬，在每個反覆誦經、祝禱的儀式中，讓家屬能真正把心情靜下來，好好地與至親告別。

我知道喪禮對亡者和家屬是多麼重要，那是一種關於心的撫慰。於是，即便是大過年，我還是決定接下這個臨時的案子。

案子來得很突然，當時我為了打拚事業，穿著很邋遢。那天，我接送家屬的時候，外面下著大雨。亡者的妻子可能因為太難過了，無心注意天氣，只穿著一件薄上衣。我想她應該會冷，也沒想太多，直接將自己的皮外套遞給家屬穿。

沒想到，這個小舉動讓家屬非常感動。在儀式的最後一天，家屬為了答謝，送了我一件皮外套，又因為他們常看著我穿拖鞋跑來跑去，還多送我一雙皮鞋。不僅如此，他們看誦經師兄們唸經辛苦，最後送給每個人一只保溫杯。

即便過了這麼多年，每次想起這些事還是讓我覺得很感動。雖然送的東西都不是貴重的禮物，我幫的忙也只是我隨手多替對方著想一點而已，可是只要這麼一點點，就能讓彼此感動。

對工作有心，你會在有限的資源裡，做出最大的效益；對顧客有心，服務才會做得到位。這不是大道理，卻是我創業初期信守的關鍵心法。

鬼月來結婚

工作上，我受過很多人的幫助，大多是生意上往來的朋友，有些則是長輩不經意地在關鍵時刻上的扶持，不過對我影響最深遠的，還是我的家人。有的家人是事業上的夥伴，像是我的太太，她在公司的決策上提供許多極具遠見的看法；家人中，也有反對我的，像是阿爸。

自從在殯儀館和人發生衝突被打了之後，阿爸一直對我的工作很擔心，他是十分傳統的嚴肅父親，只會要我回家，要我好好聽他的話。但我是一個固執的人，認為對的事就會拚命堅持下去。每當我生意遇到低潮時，阿爸都會要我回家，年輕時，我會因阿爸開口而感到不高興，好像你是看不起我，不相信我真的能闖出一片天，而越是被看不起，我越想去證明。

年紀稍大之後，我回頭看阿爸的反對，其實他並不是看不起我，而是作為一個長輩心疼子女受苦。我轉了念頭，不再抱怨阿爸看不起我，我要讓阿爸安心，讓他知道，我也可以靠自己過得很好。

回想起來，阿爸擔心我變壞，怕我做歹事，也是因為我沒有做過什麼讓他安心的事，才會讓他這樣擔心，這是我自己的問題。從小，我就沒讓他放心過，所以長大之後，我選擇了這個人人閃避的「嫌惡行業」，他自然也會跟著外人產生反感。

只是，我終究是阿爸的兒子，他攔不住我想做的事，後來也慢慢接納了我的事業。以前，我的公司有時候需要幫喪家準備祭拜用的牲禮，有些喪家不會帶走，如果直接把這些牲禮丟掉，非常浪費。公司的人常常會把這些食物，每個人分一點帶回家。

這些替喪家準備的牲禮，有時候是阿爸幫我準備的，他做總鋪師，很清楚哪裡可以買到便宜又品質好的食材，這一點他幫了我很多忙。

有一天，阿爸氣急敗壞地衝進公司對著我追問：「那些牲禮呢？那隻雞和白鯧呢？」我被突如其來的質問，惹得有點不高興，問阿爸在說什麼？一問之下，才知道阿爸每次看我常把喪家留下來的牲禮帶回家，他今天特地買了很貴的雞和等級很高的白鯧，他以為，反正喪家會留下來，他就當作是自己吃的食物，買貴一點。

他買的錢遠遠超過喪家付的費用，沒想到，今天喪家祭拜完之後，也順便把牲禮一起帶走，沒有留下。這一攤，公司算虧錢了。

我聽阿爸又急又氣在講這件事，心裡偷偷覺得好笑，他嘴裡反對我做這一行，但其實背後還是會提供很多幫助，會擔心我吃得不好，想要買好的雞、好的鯧魚給我吃。他不是那種會把關心直接表達出來的父親，只會用這種迂迴的方式表達對子女的關愛。

這是他這一代男人表達感情的方式，他看我事業慢慢有了起色，也不再出聲反對。自從發生「牲禮事件」後，阿爸就不再自作聰明幫我買昂貴的牲禮。不過，也因為這件事之後，我和阿爸的關係稍微變得比較溫和，雖然彼此見面還是沒什麼話聊，但似乎多多少少開始理解對方，爭執也變少了。

某一天，我在忙工作的時候，接到家裡的電話，阿爸突然倒下來了，心肌梗塞，幾分鐘之內就往生了。

如果問我，人生有什麼感到特別遺憾的，這是其中的一件。當時我的事業還沒太大進展，阿爸終其一生擔心我的出路，我還來不及讓他過好日子，我們父子之間還來不及更了解對方，他連孫子都還來不及抱，就走了。

我深深感到人世的無常，成功來得太晚，也就沒那麼暢快了。我心想，必須更努力、更把握機會，才不會辜負那些身邊愛我的家人。

重拾人生最堅強的後盾

阿公和阿爸都走了，我每天投入更多時間在工作裡頭，我更急著想成功，想在這一行出人頭地。那時候公司很小，只有三、四人，找不到更多人手幫忙，我還特地找了表舅和表舅媽來公司工作。

他們不僅在工作上給我很大的協助，也常常關心我的生活，尤其表舅媽看我單身一人，沒人照顧，很積極幫我介紹女友。緣分這種事很奇怪，有就是有，沒有就是沒有，介紹了不知道多少女生，就是沒有一個成功。有的嫌棄我的工作，有的嫌棄我的學歷，每段感情都經營得不太順利，過沒多久，我又一個人睡在公司的沙發，親戚就知道，我應該又是失戀、「被分手」了。我一直是感情世界的「魯蛇」，我沒有錢，不一表人才，也沒有顯赫家世，沒有女生願意跟這樣的我交往。

表舅媽最後看不下去了，她主動提了：「不然，我介紹我女兒，你們認識看看。」我心裡高興到想大叫，但表面上還是要裝得很鎮定，因為我從小就很喜歡他們的女兒，她叫阿馨。

阿馨是我的遠房親戚，她小我兩屆，念小學的時候，我每天為了看她，會特地繞遠路，走到天橋上，遠遠望著她過馬路、和同學聊天，然後望著她的背影一步一步走回家。

小時候，我功課差，身上的制服常常沒洗，或是洗了沒乾，有股濕濕的霉味。在她面前我常覺得自己很卑微，沒有資格開口和她說話。她就像是童話世界裡的小公主，住在我高攀不起的世界。學校活動的場合、親戚的聚會飯局，我都只敢遠遠看著她，觀察她的一舉一動，她從來不知道像我這樣的男生偷偷喜歡她，甚至根本沒注意到我的存在。

阿馨的父母介紹我們認識之後，我們開始約會。

我們的戀愛很單純，就只是騎機車載她四處走。約會交往八個月之後，我和阿馨決定結婚。

沒想到，阿馨的親戚全都反對。她在大家庭長大，親戚的意見很多，有人說我花心，也有人說我是混混，沒有固定的工作，也有人說我做生意沒有一樣成功。她從小很親的姑姑更是極力反對，她們還因為這門婚事，賭氣冷戰。

我知道，當時在追阿馨的有其他人，甚至還有一位醫生。我不知道，為什麼她最後還是選擇了我。可能是我工作真的很認真，對事業很有企圖心，再加上，她的爸媽很喜歡我。

我的公司才剛起步，員工不多，很多案子都要親自下去做，平日非常忙，就連結婚，我們也選在人人忌諱的七月，因為七月比較少人做喪事，我才有時間結婚。我還記得結婚前一天，我才剛忙完別人的喪事，準備放下工作，隔天辦喜事。我沒有這些忌諱，對我來說，把事情做好，善用時間是最重要的。

結婚後好幾年，我太太和姑姑見面時，還是時常被叨唸，她嫁錯人了，我太太聽了很不高興。對我來說，聽到這樣的事，心情當然會難過，但我很正面，並不會把別人給我的傷害，再回頭去傷害對方。我只有比別人更努力，讓自己成功，才能證明別人當初的眼光是錯的。

這社會很現實，你沒有任何成就，別人對你的負面評價，你是很難反駁的，即便你根本沒有錯。我認清這個殘酷的現實面，所以在我創業前期，不管別人說我什麼，我很少反駁，與其浪費力氣解釋，不如好好花心思在工作上，用實際的行動來打破別人的不信任。

只有你成功的時候，說的話、解釋的理由才會真的有人傾聽。

岳父原本是我公司的員工，工作這些年，我每天打拚工作的模樣，他都看在眼裡，所以他很清楚我是一個怎樣的人。結婚之後，太太辭掉原本的工作，嫁給我之後，還拿一百萬和我一起做這家公司。她嫁給我，不只把人賭了，連錢也一起賭了。

我非常感念岳父對我的支持，我的父母已經不在人世，我把岳父和岳母當成自己的親生父母，我喜歡帶他們到處走走，有時候休假就請他們吃飯，一家團聚。我很喜歡家庭的氣氛，很感謝岳父岳母能在我父母過世後，重新帶給我家的感覺。

生活上，我很依賴我太太。我不懂得享受人生，像是穿衣服，都是太太幫我從裡到外搭配好，有時候她出國，不在身邊，沒人幫我配衣服，每天早上我就不知道該穿什麼衣服出門。就連吃飯，我也不懂得美食，只求溫飽就好，但她不一樣，她懂得什麼是好吃，有什麼好餐廳，要怎麼吃，她都很清楚，也都是她帶我去吃。

雖然我們一起工作，但我們有默契，家裡的事都給她決定。她很大器，對我的妹妹和家人很大方。她也不管我的錢，對我很信任。

在工作上，我太太在業界是最漂亮的，我不擅長行政工作，外面的業務由我負責，內部的管理由她負責。公司開沒多久，我們就申請做ＩＳＯ認證，那時候她懷孕，為了這個業務，做得太累，還因此早產。我們是業界最早做ＩＳＯ認證的公司之一，但這樣的成果，其實是太太辛苦換來的，我對她既是感謝，也帶著內疚，讓她身體受了這些苦。

不僅如此，公司很多事都是太太的遠見。她做事細膩，懂得觀察同事的情緒和情感需求；我比較衝，做事直接，剛好這樣的性格，兩人可以互補。早期，我經營公司的經驗不夠，她因為家裡有做生意的經驗，也在外面的公司待過，所以經營管理上，她比我有經驗，給了我很多建議。

比如，當我們的公司規模還不大的時候，太太就主張要兩帳合一。我們從沒想過公司要上櫃上市，營運上也不缺錢，照理說沒必要在做帳的會計流程要做成這樣。不過她說，凡事按著規範走，未來如果公司有天成長、擴張了，才不會亂了陣腳，而當公司都成長了，才要改內部記帳的制度，到時候才是真正的麻煩。

於是我們花好幾百萬買記帳的ＥＲＰ軟體，當時內部員工都很反彈。最後，事實證明她的眼光是對的，公司規模越來越大，還好當時就已經採用了有系統的會計流程，才免除日後適應不良的痛苦。

生活和工作都綁在一起，難免有摩擦的時候，但夫妻沒有隔夜仇，我的個性也通常是氣一下就過了。就算兩個人吵架，還有岳父岳母當和事佬。

這幾年，我工作常在中國，太太總是擔心我在中國的生活好不好，其實她很容易滿足，只要我常回家就可以了。這些家人的守候，是我打拚事業最堅強的情感後盾。

Chapter 3

生死交關

我做的是生死的事業，看了這麼多生死事之後，我慢慢發現了自己的渺小，知道人的能力是有限的，只能更謙卑去面對人世間各種生死交關的時刻。

走入意外現場

萬事起頭難，我雖然靠花圈生意，半隻腳踏入這個行業，但隔行如隔山，沒有人脈，沒有資源，做生意萬般困難。殯葬禮儀服務是做「人」的生意，和人有關的生意，就得靠人脈資源一點一滴建立起來。

這種和「死亡」有關的生意，除了殯儀館之外，最大的資訊流通地就是各地的警察局。死亡約略分成兩類：一種是病死，大多是在醫院裡往生；一種是意外死亡，這類的都會通報警局相關單位。很多業者就守在警局等待生意，我一個新入行的新手，一開始當然也往警局跑。

像是馬路上的交通意外，若有人往生，必須有殯儀業者在警方採完跡證後馬上處理大體。除了是為了保持現場交通順暢之外，避免大體在戶外曝晒時間過長，也是對死者的尊重。很多不明白這個行業的人，常誤以為葬儀業者到現場是像禿鷹一樣搶屍體、做生意，事實上真的不是如此。

檢警人員到現場只是做鑑定工作，結束之後，必須有人馬上處理大體，接手的工作不是一般人能做的。比如，很多現場很慘烈，肢離破碎，腦漿四溢，有些新手警察到現場是直接吐完才能工作，這種整理現場的事就只能由我們接手。此外，亡者的家屬通常也不一定能在第一時間就到場，我們必須先將大體稍作整理，以免家屬到場時，看到過於慘烈的狀況而崩潰。

案發現場需要我們這一行的專業，在現場的每種人，都有著各自不可取代的功能。

既然是意外現場，代表你永遠不知道事情什麼時候會發生，所以等於我們隨時處於「待命」的狀態。公司草創時，只有我和另一名員工，所有的事都由我們兩個人從頭包辦到尾。名義上，我是公司的「老闆」，實際上，我和員工沒什麼差別，所有的事都要親自做。

從那個時候開始，為了接生意，我的手機二十四小時不關機，手機號碼直到現在也沒換過。一開始，是為了做生意，後來，我觀念有些轉變，讓朋友需要我的時候，隨時都找得到我。儘管人世間有太多無解的難題，但至少讓我有機會伸出援手，和朋友一起面對。能在別人的人生旅途上，發揮自己一點點的功能，代表自己還有益於這個世界，是一種福報。

腐肉爛骨，不忍卒睹的恐懼

工作這麼多年，我有三件案子印象特別深刻。

一件是在台北近郊的山區，一名上吊者被登山客發現報警。出事地點在山坡上一處不易到達的樹下，檢警勘驗完之後，我和員工將屍體從樹上取下，再沿著山坡搬到柏油路上，由車子運送下山。

其實這不算困難的案子，但在屍體取下後，我們一人抬身體、一人扶大體的頭。突然間，大體身首異處，因為曝晒野外，腐化太久，頭頸已經爛斷了。雖然見過各種死亡場面，但看到大體在面前斷成兩截的衝擊還是很大。

這個場面讓我感到人的脆弱，生前再如何風光神氣，最後都難逃一死，人一旦死亡，不過只是一堆腐肉爛骨。生命如此脆弱、有限，我們更應該把握還活著的時光，好好和家人相處，好好替自己在這世間留下些什麼，當你成為一堆枯骨時，人世間還有人記得你做過的一些好事，我覺得這就是人活著最大的意義了。

第二個讓我印象深刻的案子是一個路邊的無名屍。有一輛車停在馬路邊很多天，最後發出惡臭，路人報警後，警察發現裡面有人燒炭自殺，已死亡數日。

當時是夏天，氣候悶熱，駕駛座車門反鎖，我們從後車門進入車內處理屍體。我一靠近車窗，看到一顆一顆的小石頭往窗戶砸過來，仔細再看，那不是石頭，是像小石頭一樣大的綠頭蒼蠅，成群往我的頭上砸過來。我已戴上口罩，但撲鼻而來的屍味仍嗆得我眼淚直流。

這件事之後，我有三天吃不下飯。

你問我怕不怕？一開始，當然會有心理抗拒的時候。人之所以為人，是因為會對他人的痛苦感同身受，就算是素未謀面的陌生人在路上肢體四散，或是像車內死者那樣被蒼蠅爬滿身體，抗拒的心理，並不是嫌惡，而是對這樣的場面感到不忍。

有時遇到獨居者在家死了好幾天，我們進去，身上沾上的屍臭會三、四天洗不去，連帶胃口也變得很差，聞到肉味也會莫名感到噁心。

不過，人的彈性很高，面對這些殘忍的場面，我秉持心存善念，以及幫助往生者的心情，會比較容易接受這樣的環境。我常想，就算自己不忍心見到這些場面，但我若不做，別人不見得做得比我好，若能將亡者最後一程打理得安安心心，也是一項功德。

越是遇到殘忍血腥的場面，我就更告訴自己，要存著更謙卑、憐憫的心情去完成這些事。

第三件讓我印象深刻的案子也是一具自殺的大體。死者在公寓裡上吊，我們也是在檢警工作完之後，進入取屍。當員工把屋上的繩索取下時，我在上面扶著大體，一時之間，重心不穩，大體傾斜倒在我的身上，我嚇到來不及叫出聲，之後數天，我的眼前不時會出現大體壓到身體上的景象。

那個時候，我算是已經見過各種意外場面了，不過，被大體壓住的經驗仍對我造成極大的驚嚇。我事後反省，我做的是生死的事業，但就算看再多生死事件，都不見得能真正參透生死的學問。那次對壓在身上的大體的恐懼，其實怕的並不是大體，而是對突如其來變故的恐懼。

從這些事情當中，我慢慢發現了自己的渺小，知道人的能力是有限的，必須更謙卑地面對人世間各種生死交關的時刻。

連睡三天分局，生意是用「盧」出來的

意外場面的收屍工作，除了殯儀業者之外，在現場的就只有警察人員，這些意外訊息大多是由警察交付給我們的。這說起來好像很容易，但要讓警察願意把意外消息在第一時間通報你，就非常有學問了。

警察的工作出生入死，非常辛苦，沒多少精力再理會我們這些殯儀業者，他們大多習慣和熟識的業者配合，這是人之常情，配合過的人彼此和警方有默契，知道在現場要如何避免破壞跡證，同時又能適時提供協助。警察對我這樣的新人不熟，沒有理由讓我到現場幫忙

為了取得警察的信任，我三天兩頭到分局露臉聊天，為的就是交朋友，讓他們認識我的為人。我一直有自信，我不是壞人，只要你給我機會，好好認識我，你就會放心把事情交給我辦。

我一連走了幾個月的分局，警察雖然認識我了，還是不願意把交通意外的生意交給我做。這時候，就是展現個人意志力的時刻了，我從不輕言放棄。

由於不曉得意外何時發生，警察又不願意在意外發生時，第一時間通報我。我只好用一個最笨的方法：直接待在分局裡等，一待就待上一整天。各分局、派出所多半有一個交誼室，是警察和民眾、記者泡茶聊天的地方，這個地方是半開放的，什麼人都可以來，我就待在這裡，和警察聊天泡茶，晚上大家都走了，我不走，就坐在分局的沙發上閉著眼睛休息。

剛好那幾天都沒有意外發生，我就連睡了三天的分局。裡面的警察看到我就罵我「盧」，他們嘴裡是罵，但我知道，我成功了。我展現了我的毅力，警察對我有印象，知道我做事會全力以赴，會更放心把事情交代給我。

慢慢的，分局的生意開始會讓我做，我本來是在信義分局做交通意外，因為警察會輪調，我在信義分局認識的警員調到各地，就成了我各地的人脈。人脈之外，我做得勤，服務周到。一到現場，知道要保存跡證，預先幫警方準備好各種工具、器材。現場需要解剖或是任何鑑定空間，我也會預先準備好。

做生意，不僅不要把自己變成別人的麻煩，更重要的是，還要讓對方覺得你有用，雙方互蒙其利，這樣的合作關係才會長長久久。

不過，終究人算不如天算，當年爆發殯儀館收紅包事件，我被帶去調查局，他們拿了照片要我指認哪個殯儀館人員收了紅包。我完全和這個事件無關，也不知道到底是誰收了紅包，覺得非常莫名其妙。

我心裡其實隱約知道，為何自己被捲入這場風波。當時，我光靠意外事故案件，就負責了七個分局，生意太好，遭人嫉妒而被檢舉。

能做這麼多分局的案子，我都是靠自己的勞力苦拚而來的。因為常常事發突然，你得在第一時間就趕到現場，若比別人晚到，就很可能會改由其他業者負責。所以，我常常接到案發通知，就只穿著四角褲，帶著西裝褲，直接衝出門，然後在車上換褲子。

每個分局都有人在做，但就是拚不贏我。有時候在大馬路，我們會在路邊等到天亮，等檢察官來。半夜發生意外，我們要顧屍體，不能被破壞，還得找人排班。

做這一行的生意，說起來，突發的意外案件比較好做，你只要比快就好。但富貴險中求，業者為了搶生意，常會有衝突發生。我的員工到內湖接案子，結果竟被當地的業者圍毆。

我自己沒遇過因為搶生意而在現場打架，但口語的衝突還是有的。這行的默契是誰先到，案子就歸誰。但有時候，明明是我們先到，對方會硬搶過去做，我們只好退讓，這都是一時的無理要求，我會視情況而定，錢能解決的事都是小事，大家以和為貴。

我秉持不與人衝突的原則，做街頭的生意，一直相安無事。反而是當年在內湖打我員工的業者，後來沒多久就被人殺了十幾刀重傷。這是街頭的生存智慧，你不可能永遠都逞一時之快，總有一天會遇到比你更凶狠的人。

不過，這種街頭逞凶鬥狠的衝突狀況偶爾還是會碰到，加上我無故被同業檢舉，要到調查局說明的事件發生後，我心想，靠意外事故這塊市場，公司是無法長長久久的。

於是我開始思考下一步的轉型，我必須創新公司的服務，帶領公司往新的方向走，否則守著一塊舊的市場，在街頭冒著砍殺的風險，這種經營模式太不安全了。然而，我的下一步究竟在哪裡？

打造五星級太平間

意外事故案件常要在街頭與人衝突，與警方的關係拿捏也像走在鋼索上，太疏遠，在接案上會吃虧；走太近，明明沒有做任何虧心事，卻要受別人檢舉的風險。這些案件都是靠體力，隨時待命，隨時出發，這種光靠體力拚輸贏的產業，終究無法長久。

這個行業賣的是服務，只有服務的品質提升，才有市場競爭力，而不是光靠體力拚搏。創業的前幾年，我就開始思考產業升級的事，淡出意外事故的市場是我的第一次轉型。

所有的轉型都非常痛苦，要放棄舊有的習慣，和既有的利益，我在台北市意外事故的市場大約有七成市占率，一下子退守，不僅外人不解，連公司內部也覺得，為何要放棄這樣已經小有成果的市場？

很多人以為我的心很大，其實一點也不是如此。我創業的心一開始也很小，只要守著台北這塊市場，規模不必太大，能養活家庭和幾個員工就可以了。像是我剛進入這個行業時，看到很多小型的殯儀公司，大多由家族經營，維持一個小規模，但能夠在市場穩定生存。

我一開始的夢想，也是如此。只不過，我和那些小型殯儀公司的經營者面對的時代已經不一樣了。靠警方提供資訊的意外事故市場越來越競爭，消費者的需求也越來越多樣化，與其守著一個會日益萎縮的舊有市場，不如把頭伸到外面，看看還有沒有新的市場可能。

服務那些卑微渺小的願望

面對轉型，我第一個想到的是：「醫院」。

生死之事，除了警察局之外，另一個最常發生的地點是醫院。意外事故身亡的人畢竟還是少數，大部分的往生者都是在醫院走完最後一程。在都會區裡，很多人在醫院過世後，直接在醫院太平間或是殯儀館辦告別式。

我在醫院承包太平間的告別式，通常喪家為求方便，會把喪禮直接交給承包的殯儀公司。不過，若是喪家要選擇其他業者，將大體運回家或是殯儀館做告別式，也是完全沒問題。基本上，這還是一個開放的自由市場，對我們承包的殯儀公司來說，只是占了地利之便，只是一般人一生才遇過幾次親人過世？大多數人還是會交由剛好占地利之便的殯儀公司處理。

然而，承包醫院不是那麼簡單。首先，要如何打入醫院的人脈體系？我只是一家小葬儀社，誰也不認識，規模也小，醫院怎麼敢把業務承包給這樣默默無聞的小公司？

於是我主動出擊，開始到醫院走動，比如買咖啡、宵夜到護理站和護士建立關係、交朋友。可是，當她們知道我是殯儀業者後，有些護士覺得觸霉頭，一看到我來就大聲嚷嚷：「我們這裡沒有死人啦，快走！快走！」這種事，我也只能笑嘻嘻摸摸鼻子就走，還好做生意的這幾年，我的臉皮也越來越厚，這點小事不算什麼。

而且，站在對方的角度來看，她們對我不熟，又知道我是做殯儀的，心理上的排斥是可以理解的。於是，我要從行動來化解這種排斥感。病房有人往生了，儘管案子不見得會交給我承辦，但我會主動去幫往生者換衣服；有些往生者臨終前會脫糞、失禁，我也主動幫忙清理。

台灣的醫護人員工時長且壓力大，不管是清潔工作還是幫往生者換衣服，都要花費許多時間和人力。我主動幫忙這些工作，她們都看在眼裡，就算喪家的生意不是給我做，我也不會因此翻臉。我認為，服務業有兩個層次：一個是只服務我的顧客，一個是在每個時刻去彰顯我們這家公司的服務精神。

做這一行的服務精神也很簡單，就是讓每個往生者能夠很有尊嚴地離開。我幫護士做這些額外的工作，不只是為了生意，其實也是對亡者的一種尊重。有些病重的人，臨終之前只是想洗一個熱水澡，有的只是想換下身上充滿藥水味的病服，穿上在世時最喜歡的打扮。你聽到這些人離世前的願望是這麼卑微渺小，是作為人最基本的尊嚴，我能幫得上忙，為什麼不做呢？

我這樣持續耕耘，以前看到我會喊：「我們這裡沒死人，快走！」的護士小姐，也開始和顏悅色。我認為，人是可以溝通的，你對人好，別人一定感受得到，有些人會知恩不報，但大多數人感受到你的善意之後，都會有所回應的。

首創飯店式裝潢太平間

慢慢的，我有了口碑，醫院的人認識我，我終於有機會參與太平間的承包工作。我的第一間醫院合約是台北醫學院附設醫院，可是，我只有國中畢業，讀報紙還常常遇到不認識的字，我一個人要擬合約，根本沒有頭緒，最後我拿著一張上面只有十行字，都是自己想到的幾句話，就要拿去跟人簽約。

當時，醫院有個資深的行政大哥，看到我擬的合約，知道我書讀得不多，便一字一句教我要怎麼寫、寫什麼，還交代要用電腦打字，他唸一句，我就抄一句。直到現在，我還是非常感謝他當時的幫忙，那一刻，我第一次感受到，原來讀書是這麼重要。

拿到第一個醫院合約之後，生意並沒有一帆風順。第一個問題是，病人就算是醫院往生，消費者都非常理性，你的服務不夠好，他們還是會把喪禮服務給別的公司做。

因為不知道何時醫院有病人往生，所以我常常二十四小時守在太平間，或是睡在太平間外面的走廊。當年的太平間燈光昏暗，也沒有人固定打掃，常撲鼻而來就是濃濃的霉味，有時候有人抽菸，就是混雜屍臭的菸味，給一般人的印象非常不好。

我從小愛乾淨，沒案子的時候就會動手清掃太平間。我的太太當時已經在公司幫忙了，她看我在掃太平間，靈機一動：「為什麼我們不把太平間改頭換面，扭轉外人的刻板印象呢？」

我得到靈感，發想做一個「五星級太平間」，把飯店裝潢、經營管理的那一套移植到殯儀服務上。

那時候，公司標到台北萬芳醫院的太平間，開始在萬芳醫院打造一個「五星級太平間」。我們把慘白的日光燈換上了溫暖的光源，把沒有感情的輕鋼架天花板裝上了布幔，斑駁的牆面重新粉刷，貼上壁紙，點薰香，裝置排氣設備，整個太平間看起來就像大飯店的櫃檯。

這樣的裝潢足足花了五、六百萬，下這個決定時，我們也很不安。全台灣沒有業者做這樣的事，沒有前例可循，這五、六百萬對我們當時的小公司來講，已經是一大筆錢，很可能投下去，就一去無回了。

做這個改變，業界也不看好，很多人冷眼旁觀，認為一定會失敗。沒想到，五星級太平間推出之後，收到極大的迴響，媒體報導之後，很多生意主動找上門來，還有大學老師帶隊組團來考察參觀。

從小因為家裡做外燴生意，環境總是非常髒亂，也養成我特別要求乾淨的習慣，我看不得一點髒亂，頭髮也常剪得很短，因為容易整理，身上的衣服也盡量乾淨見人。由於這樣的生活習慣，自然而然也就設想，如果我是一個往生者或作為一個喪家的家屬，我一定也會想要有一個乾淨舒服的環境，而非在一個燈光明滅不定、臭味撲鼻、空間雜亂的場所與家人告別。

最初只是想帶給家屬一個乾淨的環境，沒想到這個小小的念頭和舉動，引發了後續很多正面的效應。除了公司知名度大增、客戶主動上門之外，我們的服務也開始質變提升。

那個年代的殯儀服務大多穿得很隨便，有時候穿著布鞋、涼鞋就上場了。我們這種本土小公司起步得慢，突然蓋了一間豪華的太平間，工作人員如果再穿涼鞋和T恤到裡面做禮儀，也就太不像話了。於是我開始要求員工穿西裝和皮鞋，為了配得上這樣的空間，我們在人員的應對服務上更下工夫，整個服務也因空間的改變，連帶升級。

除此之外，過去的殯儀服務價格完全不透明，完全任由業者坐地喊價，有人發生意外送到醫院往生，有的業者收一萬的服務費，也有人收六萬，完全看你運氣好壞，遇到什麼樣的業者。我認為，生意要做永續，不是做一時，所以我把公司的每一種服務收費公開透明，我不怕別人用低價搶生意，也不怕公開價格之後，沒有議價空間。

我書讀得不多，但我明白一個道理，市場越自由透明，對我的公司來說，是更有利的。做生意不能永遠只靠私人關係拉線，靠市場機制決定什麼樣的公司能在市場生存才是最公平的，我對於自己公司提供的服務非常有信心。

五星級太平間、服務品質提升、價格透明化，這一連串的動作讓外界不再認為做殯葬禮儀的人全是「黑道」了。以前應酬時，別人收到我的名片會不屑地丟在地上，這時候反而是大家主動向我打招呼要名片了。

這樣的轉型不僅是公司內部的提升，同時也扭轉外界對這個行業的觀感。我做的不只是為了自己，同時也把這個行業的「餅」做大。

不過，承包太平間的生意並非因此一帆風順，各種麻煩的事還是陸續發生。當我承包了台北榮總太平間生意之後，我的車子在某一天清晨被連開了十六槍，之後公司被砸一次，大門被開了兩槍。我的事業遇到了挑戰，人人最害怕的暴力事件，就迫在我的眼前，我該如何面對？

遭受死亡威脅

從早期在殯儀館被打，到中期承包醫院業務被開槍警告，我當然也有害怕的時刻，尤其早上看到鐵門上被打了好幾個子彈孔，心裡仍會覺得不安。然而，所有的工作都有風險，我很早就體認到：像我這種沒有背景、沒有資源的人，好做的生意不會輪到我，我若要成功，不管做什麼行業，一定都是別人不做的、困難重重的事業。不是我膽子大，也不是我不怕苦，是我沒有選擇，以及想成功的心比怕困難的心還要強大。

而面對這些前來爭奪生意的各路人馬，就是靠堅強的意志跟他拚搏。理性來看，為了生意殺人是怎樣也划不來的，對方只是想利用恐嚇讓你心生害怕，因害怕而放棄。

人的一生可以為正面的力量所驅使，例如想脫貧致富、功成名就，這些成為我們不斷前進的動力。不過，正面力量的反面——恐懼、害怕，也同樣會驅使我們做出不同的選擇。

公司遇到槍擊的時候，我清楚明白，我不能被恐懼的負面能量綁架，面對困難，我一向正面迎擊，迴避挫折不是我的行事風格。於是，我每天照常上班，我判斷，如果這些人真的讓我出了意外，他們也不見得有好處，他們只是要我知難而退。

於是儘管經歷這樣的暴力事件，我依舊堅持一個人出門，偶爾帶名司機，我的想法是，一個人賺錢，如果賺到出門要好幾個人圍著保護，這也太悲哀了。我做事坦蕩蕩，無所懼。

還有，我始終堅定相信「有理走遍天下」的道理，我做生意光明正大，承包標案都照規定來，服務價格完全透明。像我們這樣的公司，我非常有信心，在市場自由競爭之下，絕對具有十足的優勢。正因為有這樣的優勢，對方才想藉由暴力威脅，讓我們知難而退。

如果我們是一家沒有競爭力的公司，他們根本不必來開槍，我們就會自然被市場淘汰。真正被恐懼綁架的人是那些開槍的人，而不是我。

從早年在街頭做意外事故的生意，我就明白一件事，只要有理，很多事都會自然而然站在你這邊。就算當年有些人會用暴力在街頭搶生意，我為了保護員工，大多採取一定程度的讓步，讓大家都有生意做。

在街頭，你可以讓，但遇到這種激烈的的槍擊事件，我必須堅定立場，否則就會輕易被打敗。

我的預測果真沒錯，在我的堅持之下，暴力事件後來再也沒找上門。

寧缺勿濫，建立與員工的信任關係

暴力事件期間，其實我最擔心的是員工會因此受到影響。

早年願意加入這行業的人不多，員工非常難找，很多都是更生人，有些甚至還有毒癮。公司草創時期，我也用了很多這樣的人。公司小，我和員工一起住在公司，生活、工作都在一起，感情非常好。

我們這個行業因為特殊性，通常需要二十四小時全天待命，工作時數很長，彼此支援、幫忙。我和員工之間有很深的信任感，我脾氣不好，做錯事的員工，我常不假辭色直接開罵，但同時我很相信員工，很多事都會放手讓他們做。

不過，信任有時也是一種考驗。我遇過很多員工，跟家屬收了錢，然後就跑了；有的是盜拿公款一百多萬，人就跑了。這一行的誘惑很多，早年這種生意多是現金交付，我工作忙，不可能每個案子都親自收款。有些很信任的員工幫我去收款，先是從中向家屬多要了幾萬元，接著幾次越要越多，後來索性拿了錢跑路。

這樣的例子不只一次，我每次都在思考如何建立我與員工的信任關係，如何面對金錢誘惑。最後我發現，只要給員工一個穩定的工作環境，比同業中相對優渥的薪水，人就不會作怪了。

然而，誘惑的還不只是金錢，我還遇過很多員工是在我這裡工作幾年之後，以為學會了服務技巧後，自行創業，企圖從我這裡帶走客戶。這樣的員工也不少，但能從我這裡帶走的客戶都十分有限。這些創業的員工大多在外面經營幾年之後，就消失在市場上。

我對客戶的經營都是親力親為，所有的關係都在我的身上，所以不會因員工離職而受影響。

善待自己的員工，通常他們就會賣力做事。只不過，就算是親生的兒子都不見得聽你的話，何況是員工呢？所以，各種狀況還是有。

以前人員招募不易，進來的人素質不一，有幾個被逮到吸安非他命，我很生氣，之後我的員工都要固定時間驗尿，只要驗到馬上開除，同業沒人敢這樣做。這一行以前是很不光采的工作，願意投入的人很少，大多是找不到工作的社會邊緣人才願意做這份職業，所以這一行早年很多毒癮犯。

我的公司也遇過這樣的人，這很糟糕，吸毒不僅僅是他自己的事，他還會影響別人，互相介紹毒品，加上工作壓力大，一個人吸了，旁邊的員工看久了也開始碰這些東西。

公司初期只有八個人，最誇張的是曾經一次就有四個人吸毒，而他們是一個影響一個，變成一小群人聚在一起用毒品。我知道後，立刻開除吸毒者，一個公司就走了一半的人。連我太太都勸我，要不要再考慮一下，這樣下去公司就沒人了。

我斬釘截鐵決定，不行，我寧缺勿濫，就算人不夠，我可以以一當十，我自己來做。只要是不適任，又會影響別的員工，我一個也不願意用。

除此之外，在公司經營上，我太太的兄弟姊妹很多也在公司任職，但我不會因此對他們比較寬容，反而是更加嚴格。只要自己人犯錯，我罵得比一般員工還兇，就因為是自己人，工作上做好是應該的，做不好則是比一般人更應該責備。我不會讓其他員工認為，我在公事上公私不分。

解決鄰里疑慮，不再是「嫌惡事業」

公司發展的階段，我一方面要對抗外面暴力行為的威脅，另一方面，還要處理公司內部員工的問題，比方人員素質不齊，引來各種麻煩事。公司就在我和太太齊心一點一滴累積下，終於可以搬到一個比較大的辦公室。

我永遠還記得那天，我和太太騎車到處看適合的地點，車子騎到萬芳社區。在一處新大樓等房仲會合。房仲原本打算帶我們去看旁邊的建案，我卻很中意眼前這棟新大樓。房仲好心勸我：「這間太貴了，要四千萬。」十六年前的新房子，四千萬是算貴了。房仲說：「我帶你去看後面一坪十萬的。」

我很堅持要看這棟新大樓，心中幾乎已經確定這房子我是買定了。連一進門看房時，房仲叫我脫鞋子，我還回過頭說：「你才要脫鞋子，這是我的房子。」一看之下，隔局、採光我都很滿意。我請房仲馬上找房東來談，價格談妥，隔天我就開車載了五百萬現金來付款，直接買下。

二樓是我的住家，一樓是辦公的地方。這算是當時我的公司「忠誠禮儀」的「起家厝」，從買房可以看出我做決定的風格，一旦看上的東西，就會死咬著不放，任何決定我都不拖拉，做生意也是如此，比的就是快狠準，個性太猶豫的人很難做大事業，只要一點點遲疑，生意的最佳時機點就會錯過了。

雖然我順利買了這間房子，但並不是買了就一路順利。

這個建案是當時萬芳社區一帶最新、最好的大樓，由於殯儀業在當時被視為「嫌惡事業」，所以我的公司並沒有明顯的招牌。我一搬進來，鄰居就開始抗議，我很明白住戶的心情，這樣一個「嫌惡事業」搬進來，勢必會影響他們的房價。

我處理任何問題都會先站在對方的位置想，對方到底是出自什麼理由做這樣的事？他們有什麼需求？只要釐清這些問題，就能針對問題提出應對方案。住戶擔心殯儀服務業會停放棺木，我開放空間讓鄰居進來參觀，證明我們只是純粹辦公的地方，不會堆放棺木。

事實上，這也是外界的誤解，以為殯儀公司裡一定會放置棺木，或是會焚香做儀式，把環境弄得髒亂。實際狀況並非如此，棺木占位置，不可能在公寓大樓裡停放；焚香、葬禮都是在醫院太平間或殯儀館才辦，並不會在公司裡舉行。我還告訴其他住戶：你看我們公司在一樓一直有人辦公，可以算是大樓的免費守衛，要代收包裹信件，我們都能做。

鄰居原本傳言，我要把整棟買下來當納骨塔。為了消除鄰居們的疑慮，我挨家挨戶說明，解釋我們的辦公室和一般的行政單位並無不同。除了解釋、溝通之外，我也主動擔任大樓的管理主委，大樓有什麼事需要幫忙，在我能力範圍之內，都會盡量讓各方滿意。

鄰居從一開始疑懼的態度，後來大家都成了非常好的朋友，有時鄰居需要住院看醫生，我還幫他們介紹哪個醫生比較好。幾年下來，我的鄰里關係非常好，別人的殯儀公司在當地是嫌惡建物，我徹底把這件事扭轉了過來。

公司搬到這裡之後，改名為「台灣仁本」，之後業績也慢慢開始成長了。行政團隊增加到二、三十個人，光企畫部就有四個人，他們可以替喪家客製化各種喪禮細節。這些工作在其他殯儀公司是外包給公關公司處理，我們自己就有內部人員可以做，一來可以省去成本，不必經過公關公司，我的價格可以更有競爭力；二來企畫部的經驗可不斷累積，省去每次要和不同公關公司重新適應的問題。

當年的殯儀公司很少像我們辦公室這樣乾淨氣派的，慢慢的，開始有媒體注意到，原來台灣仁本是這樣一家新穎又具創意的殯儀公司。媒體報導的頻率越來越高，我的事業開始站穩了第一步。

賣「創意」的葬禮

從五星級太平間開始，媒體開始報導我的公司。接著，我又在太平間裡辦尾牙，頭獎就是價值五十萬元的棺木。現場還請來了幫蔡萬霖化遺體的大體化妝師用專畫大體的噴槍，在模特兒的身體和臉上化妝。

我這麼做是想要激化員工的創意，這個行業很老舊，不進步的話，停滯就只能等著被市場淘汰，所以我不斷想新點子讓這個行業進化。媒體見到新奇的事爭相報導，也就間接打開了公司的知名度。

很多媒體朋友知道台灣仁本始於萬芳醫院的五星級太平間，有少部分的媒體朋友認識我，可能是始自九二一大地震。

這個台灣數百年來的大劫難，我們做生死生意的行業也想盡一份心力。我主動前往災區幫忙，提供災民各種協助，提供初步的大體處理和簡單的儀式。我們默默做這些服務，並沒有收費。等到當地業者接手時，我們再退出。

去災區幫忙，只是出於一股同胞受難伸出援手的情感，不是為了做生意。當年，災區裡像我們這樣義務幫忙的殯儀者並不多，我們這種默默行善的舉止也被一些媒體看在眼裡。

這是我對社會能做的小小回報，之後任何的天災，我都盡可能到現場協助。例如，二〇〇九年，台北信義區的起重機手臂不慎掉落，砸傷廣東來的中國遊客，造成三人死亡。

事發當時，我人在高速公路上要去桃園辦事，我馬上叫司機掉頭，去現場關心傷亡的大陸旅客。我設身處地為對方想，一群人開開心心出門旅行，卻不幸在人生地不熟的異地遭逢橫禍，慌張和無助可想而知。我到現場，幫他們處理各種後事細節，並安排大體運送。

生死的場面我見過很多，對於家屬需求和情感都有一定程度的了解，我只是盡舉手之勞幫助這些無助的人。

從他們的生前，規畫他們的死後

對於一般民眾的意外災難，我會伸出援手，我也擅於針對名人，打造專屬他們的特殊喪禮。

我的觀念裡，名人的喪禮除了有媒體報導的效應之外，名人對喪禮的要求各有不同，這也是我練兵，讓自己公司成長的機會。我的第一個名人喪禮是當年的台灣首富蔡萬才。

當時，競爭的業者有十幾家，我們不斷和國泰集團的主管開會，來來回回不知道幾次了，都不能確定是否拿到標案，整整花了半年以上協談各種細節。

最後，在中秋節的前一天，蔡萬霖病逝了，當天晚上七點，我們接到通知。三個小時之內，我們動員了四十位禮儀師到醫院和停靈的墓園集合。名人的喪禮最忌消息走露，在調派人員的過程中，尊重喪者的隱私是最大的考驗。

由於簽訂保密協定，就算是平日互動很好的記者朋友，我也沒辦法透露一個字。也許有些人因此覺得我不夠意思，但這是基本的職業道德，我不能違反。

二〇〇四年，藝人徐明的女兒徐子婷跳樓自殺，徐子婷很年輕，我直接找徐明溝通，建議他喪禮不見得要哭哭啼啼的。我們可以把喪禮辦成一個粉紅派對，讓子婷的朋友用另一種不同的方式記住她。後來，徐明接受了我們的建議，當天會場上用粉色系的氣球做裝飾，用粉紅色的棺木和徐子婷最愛的寫真照，配上流行樂，讓一群年輕人用不一樣的方式送走他們記憶裡的好朋友。

在台灣的殯葬禮儀業者，有的靠賣靈骨塔、生前契約，甚至是土地炒作掌握大筆金流，利用金流炒作賺取利潤，反而禮儀服務的本業全被忽略了。我沒有靈骨塔，也沒有生前契約可以賣，我打定主意，就要專心把禮儀服務這塊做好。我要以服務與人競爭，那就必須在服務內容上升級，做到商品的差異化。

名人喪禮就是我商品差異化的第一步，我以不同於傳統的喪禮方式，不斷以創意嘗試任何可能。

二〇〇四年，汎德永業集團的創辦人唐誠過世，他原本暫停靈在榮總，打算之後再移至他處辦理喪事。當時，榮總的業務由我們承包，我不能眼睜睜看著這筆生意從眼前溜過。

我拜訪家屬，用誠意打動他們。我對家屬說：「我是汎德汽車的忠實消費者，光我家就不知道買多少輛了，我對汎德的車有信心、對這個集團的文化有了解，有信心能把喪禮辦得出色。」這是動之以情的部分，因為我真的很喜歡他們代理的車子，於是從這個點切入，否則，人家跟你非親非故，沒有任何信任關係，沒有理由把生意交給你做。

動之以情之外，還要說之以理。我事先查過資料，知道唐誠喜歡跳社交舞，所以替他設計了一個「最後的探戈」的主題喪禮。典禮辦在「新舞台」，這是台北重要的表演場地，通常是舞蹈等藝術演出場地，我們商借來辦這場隆重的喪禮。

現場布滿了鮮花，一進入會場，就聽到市立交響樂團演奏〈奇異恩典〉，家屬則由三十輛全新的寶馬車隊將遺體從台北榮總接到會場。最後，由楊貴媚在現場演唱唐誠生前最愛的歌曲〈感恩的心〉〈望春風〉中，畫下句點。

整場告別式隆重而感人，沒有過去傳統公祭混亂吵雜的印象。而且整場喪禮圍繞著亡者生前的喜好、生命經驗來規畫，而非冷冰冰不帶感情的行禮如儀。

二〇一四年，公司又接了一筆著名的生意，是王永在過世。這一次則是在七十二小時之內與台塑高層和家屬確定場地布置計畫、流程細節，四十八小時之內要完成所有場地布置，包括一萬兩千朵的蘭花，這幾乎等於台灣所有的蘭花產量，全部在時限內搜集完畢。

當時媒體稱我辦的告別式是「創意喪禮」，這套針對名人辦的告別式，我也同樣把概念運用到一般客戶。好比，一位朋友的媽媽過世，家屬原本要訂購昂貴的花材來布置會場，我和客戶詳談細節時，發現過世的老奶奶生前很喜歡種植物，庭院中全是她親手栽種的花卉植物。

我一到庭院看到花木扶疏的景象，很能感受到老奶奶生前花了多大力氣在這片花園。我馬上建議家屬，不要訂那些花材了，我們就利用老奶奶種的花來布置會場。沒有訂購花材，公司少賺錢，但用老奶奶種的花，對家屬、對亡者都別具意義。

我派人手把老奶奶花圃裡的花移到室內布置，我想，花這麼多精力在照顧這些植物，老奶奶離開人世的時候，一定也很想再看這些花最後一眼吧。

為家屬量身打造的創意喪禮，賣的就是與別人不一樣的服務，但這樣的服務也並非一開始就很順利。好比有位資深演員過世，因為已經買了生前契約，所以家屬決定由生前契約的公司接手辦理。然而，辦到中途，家屬有很多意見跟該公司不符，最後由我們接手。這個案子，我們是賠錢接，因為這位資深藝人生前和我們也有交情。也因為這個案子，我們在演藝圈開始有了口碑。

比較有趣的小插曲是藝人白雲，在他還沒有走紅的時候，我們就有交情，他也轉介了很多案子給我。很多人就開玩笑，說他在葬儀社上班，最後他成名了，這個笑話還是一直跟著他，三不五時在電視短劇裡，被拿來虧他。

我也順水推舟，真的給他一個公司的頭銜，辦公室還留位子給他。他就真的名正言順在葬儀社工作了。這是好玩的例子。

藝人和名人的生意讓我的媒體曝光度大增，這是無形的公關廣告，我不放棄這樣的機會，要求工作人員穿西裝制服，連撐傘也有規定的樣式。不管是制服還是雨傘，上面都印著公司的名字。不過，後來主管機關認為電視新聞出現我們公司的LOGO，有廣告嫌疑，所有的LOGO都被打上了馬賽克。

我不服氣，決定把「台灣仁本」的字樣繡在衣領上，新聞拍攝時，鏡頭自然會靠近工作人員，公司的名字就一定會被拍到，一樣有達到廣告的效果。

對我來說，窮則變，變則通，阻礙在前，就設法突破。台灣最大的殯儀業者是我們規模的十倍，但任何重要的案子都由我們公司承接。道理很簡單，因為我們專注在本業，懂得在傳統商品裡加入創意的元素。

台灣仁本辦的告別式，就是可以和別的業者不一樣，因為我們除了用心，還加了創意。

我書念得不多，但對做生意的敏感度很強。任何商品不懂得進化升級，很快就會陷入低價廝殺，因為你有的東西，別人也有，最後只能比價格低。一旦陷入低價的比拚，就會變成低毛利的狀態。這對任何經營者來說都是不願意見到的景況。

為了避免這種低毛利狀態，我們不斷創新產品，把商品的門檻提高，後面追趕的業者沒辦法短時間模仿你這一套，公司就有獲利的可能。這種不斷要求自己的做法，儘管對員工來說壓力很大，卻也是讓成長更快速的方法。

Chapter 4

重回草創年代

在台灣，我是一家具規模的公司老闆，出入有車子接送，吃的、用的都有一定的品質，然而到了中國，幾乎是重回公司的草創年代，一切從頭開始。很多人好奇，我是怎麼放下身段的？問這個問題的人，大概都忘了，我本來就出身底層，對我來說，沒有什麼好失去的，從來沒有身段這回事。

十萬公里的路

我每天習慣早上五點就起床，一路忙到晚上睡覺，這樣的日子我已經過了二十年。我每天都擔心時間不夠用，所以很多時候，我會同時處理兩件以上的事，一心多用，才能將時間發揮最大的效用。

早年創業的時候，很多事都是我自己操刀，這種一心多用的工作方式大概就是當時養成的。我還記得，有一次我到醫院載了無名的大體，但因為還要趕去另一個工作現場，於是我把大體放在車上，車子暫停在停車場，換上了正常的衣服去參加會議。

臨離開前，我默默對亡者說：「對不起，您等我十分鐘，我馬上下來。」這是我事業最忙的時期——那時候，我正在開發中南部的市場。

和喪家搏感情，六個月打入中南部

為什麼要開發中南部市場？人生是一個動態的過程，凡事都處於變動，如果只想守於一方現有的成就，很容易會被世界淘汰。經營一個企業也是如此，公司在大台北地區站穩了經營腳步後，我可以選擇用最精簡的人員，維持一個小規模的經營型態。這種方式，公司依然能獲利，可是我並沒有選擇這個安逸的狀態。

人永遠是生於憂患，死於安樂。沒有隨外在刺激變動，人的心怠惰，反映在企業上就是老化、不循進化的經營。一個企業若是以這種老態的心情經營，只要有一個突然的變化，企業就會反應不及，而被市場的新進者所取代。

因此，當大台北市場競爭越來越激烈，勢必要在服務品質和成本價格上更有競爭力才行。我的方法是薄利多銷，為了達到這個效果，我必須將市場做大，市場基數比別人大，我就有辦法在每個案件壓低價格，用薄利的方式，達到一定的獲利水平。

那麼，要如何擴大市場呢？

我決定往台灣中、南部擴點。我們是從無到有，一點一滴累積打拚出來的公司，沒有資金，也沒有土地可以炒作、週轉，每一個據點的拓展，都是靠公司員工一步一步，苦拚拿下的。

只是，台灣土地幅員就這麼大，要跨出大台北地區，談何容易。

首先，是消費習慣的差異。台北畢竟是都會區，消費者選擇喪葬服務是靠理性判斷，哪一家公司的服務和價格有競爭力，就選哪一家。不過，喪葬行業是一個特殊的行業，是一個與人密切相關的事業。一個人的離世，牽涉到整個家族、甚至多個家族的關係與情感，於是一個人的喪禮，也會是一群人共同關心的事。

在中南部，家族、宗親的關係較緊密，喪禮這種大事也習慣仰賴家族的共同決定，人多意見就多，於是決定起來就更困難了。家族成員各有各的社會關係與脈絡，也習慣找自己相識的業者來做服務，所以常出現的狀況是：明明是我們公司的服務和價格較低，但礙於家族成員認為某個業者較好，最後決定選擇較貴、規格又較差的業者服務。

又或者是，同一場喪禮，因為家族中各有各的意見，最後由不同業者合併辦理。我們常以為市場的運作是理性的，消費者會在自由市場裡依據理性判斷來做選擇，有競爭優勢的商品會因此脫穎而出。

我的經驗是恰恰相反，人的消費行為有理性的一面，更多時候是仰賴情感的驅動做選擇。尤其是生死大事，一般人一生遇不到幾次，不見得有經驗，所以會仰賴親族的意見，再者，台灣人畢竟還是重視家庭，生死大事的決定也牽涉到家庭、親族的關係，怎麼決定、要購買什麼服務，聽從宗族意見也是正常。

於是我決定融入地方，根據消費者在地方的習慣，做出產品的調整。既然，宗族的意見強大，我在說服的過程，談的就不是價格和品質，而是訴諸情感需求。喪禮服務是一個情感商品，你必須滿足消費者的情感需求，他們才會願意花錢消費。

我花很多時間，聽家屬的需求，弄清楚家族成員間的關係與矛盾，他們之所以要把生意給熟識的朋友做，只是因為對我眼前這個新業者不認識所以不信任。這是他們的心理需求，我要做的就是讓家屬認識我，相信我不是壞人，進一步信任我，願意把家人的最後一場大事交到我手上。

和宗族成員聊天、關心他們的心情，都是打入他們關係的方法，並不難，只是有沒有心，花時間去做而已。

台灣每個新增的服務據點都是我親自下去操作，像台中，我就待了兩年。除了上述消費習慣的不同，另一個遇到的問題和我剛踏入這行的狀況相同，地方的舊商家串聯起來，對抗我這家新加入的公司。

當時，中南部的生意剛開始起步幾個月，有地方的小公司帶著七、八個人來公司「接生意」，擺明就是來鬧事，這個我很有經驗了，只是一笑置之。他們是來下馬威的。該是你的就是你的，強求也沒有用，家屬願意找誰就是誰的。

面對這類無理取鬧的行徑，因為心中已有定見，我也毫不懼怕，就當是朋友來找我喝茶，只要我人在公司，就必定出來陪這群人喝茶聊天。有理走遍天下，無理寸步難行，我很清楚這些人正是因為對我束手無策，才會侵門踏戶，只要好好款待他們，不要惹出事端，他們最後也只能打道回府，沒有任何辦法。

沒時間生氣，靠意志力開拓困難市場

中南部的市場，大約花了半年的時間就穩定發展了，我將台北的經驗成功移植到台灣各地。為了貫徹我的想法，每個服務據點、每場喪禮細節，我都會親自參與。當時，每天早上四點出發，八點到高雄，和員工吃早餐邊開會，做完會報和各種決定之後，我再回來台北。我的車子一年就開了十幾萬公里。

我們這個行業很特殊，看起來好像門檻很低，辦法會、布置會場……好像每個人都有辦法被取代，我不能讓這樣的狀況發生，一旦如此，我就沒辦法生存。我必須在市場上做出別人辦不到的服務，把門檻拉高，讓競爭者追逐我設下的門檻。

一九九〇年代，台灣的殯葬禮儀市場開始流行「生前契約」結合塔位的買賣，加上當時台灣經濟正旺，所有的熱錢也流入炒作。生前契約在當時，算是一個創意商品，替這個行業注入新的活力。只是任何時候，過與不及都不好，過度的炒作，這樣的商品很快就退燒了。

在這個市場最熱絡的時候，我的公司剛起步，沒有太多資金進入這個市場。在拓展中南部市場時，反而因為當時沒有加入生前契約的市場，公司的運作反而更靈活。

賣出生前契約的公司在做生意上多屬於被動的，因為消費者買了契約，代表這就是我未來的客戶了，無論如何，這個案件就一定給這家公司做了。我們則完全相反，沒有這些主動上門的客戶，我們只好自己變得「主動」，不斷在服務上求變化，力爭客戶的眼光。

此外，賣生前契約的公司有價格壓力，當時賣出多少錢，就已經講定，無法變動。我們不同，沒有「生前契約」的綁手綁腳，因而價格彈性，有錢就用有錢的辦法，沒錢則有沒錢的做法。所以，每個案件我們的做法很彈性，就算薄利我們也能運作。

我可以很驕傲地說，很少人有這個本事，願意花時間和力氣不斷開拓困難的市場，這靠的就是意志力，還有勇往直前、不願回頭的骨氣。

我一直還記得，早期到台中開發據點，過夜的行李都放在後車廂，一個人開車南北奔波。有次應酬後腸胃不舒服，急忙把車子開到朋友家，借洗手間，車子停在門口，我因為內急，鑰匙沒拔下，引擎還沒熄火，就跑下車衝進朋友家。前後不到五分鐘的時間，當我走出門口時，眼睜睜看著小偷把我的車開走了。這輛車到現在都還沒找回來。

我所有的衣物和皮夾都在車上，只好向朋友借錢，一個人搭統聯客運回台北。這是我到南部拓點最低潮的一天，那一天我雖覺得諸事不順，卻連生氣都沒有，並不是我脾氣好，而是我根本沒時間生氣，手上還有好多事要處理，花時間在生氣上面，太不划算了。

這也是我的人生哲學，人生於世，不如意之事，十有八九。既然有這麼多不如意的事，你每一件事都要生氣，事情已經不夠順利了，你還要花時間在情緒的發洩上，這也太得不償失了。

人難免會有情緒，當我知道情緒要上來時，我都會轉念：現在還有什麼事可以補救的？還有什麼事做不夠的？當有這些未解決的事項在我腦海裡出現，我便轉移了壞情緒，專注在改善現況，這才是有效率又有益於自己的做法。

回首這段日子，花了不到一年的時間，我們站穩了中南部市場，有五十個服務據點，公司的規模從一個地方型的台北公司，慢慢發展成據點遍布全台的大型企業。短短幾年的時間，台灣仁本已經成為台灣前三大殯葬殯儀公司，回想起來，非常不可思議。

如果問我，是什麼祕訣讓我能從一家什麼都沒有的兩人小公司，成長為台灣的大型企業，沒什麼祕訣，就只有一個字：拚。

活人的貪念

這世上所有的一切，不會只有順風而行的路。我的事業從谷底往上爬，經歷了多次轉型，雖然痛苦，但所幸都成功地完成了階段性任務。但這一路上，我也遇到了許多挑戰和挫折。

攜手廟宇打入群眾，卻被親信背叛

人生的挫折來自兩大類：其一是外界的挑戰，其二是自己的決策錯誤。

事業剛起步的時候，外在環境夾殺，我沒有資金、沒有人脈，這是我面對的外部挫折，我不怕，不低頭。然而，面對外在挑戰時，有時我們必須做出應對，更多時候，這些回應是為了生存。做出決定的時候，難免思慮會有欠周密，因此常有失誤之處。

對我來說，事業發展中的一個挫折是和某知名廟宇合作的經驗。該廟宇有很多信徒，信徒的信仰非常虔誠，廟方因而累積了很多人脈和影響力。對我們這樣的事業來說，能和宗教事業結合可說是互蒙其利。

生死事業除了在儀式過程中和宗教有關聯之外，廟宇信徒和一般人比起來，通常會更重視喪禮細節，這些人就是我們潛在的消費者。我的想法是，你不能守株待兔，等有人死了，才去上門找客戶。現在商業經營很強調「客戶關係」，我們其實就是以這樣的概念在執行。

我們和廟方合作，推出不同的商品，也和信徒建立關係，讓他們熟悉台灣仁本的品牌。當然，這不僅僅是形象的建立，我們參與廟方活動，贊助發行不同的商品，自然而然會打破消費者對殯儀業的穢氣刻板印象。比如我們設計「小金棺」，可當作「升官發財」的吉祥物。

很多宗教，看待死亡並不單單視為一種結束，更是一種重生，具有兩種極端的象徵意義。例如馬祖的老人，會替自己買棺材立在房子裡，用很平靜的心情去看待死亡。甚至，近年土葬減少後，很多棺木店轉型做桌上的小棺木，取「升官」的諧音。

從這些例子裡，我得到靈感，要改變我們這個行業，就要主動出擊，透過不同的合作，替企業找到新的出口。與廟宇合作推出商品，在台灣是我首創的。同時，在辦這些合作活動時，我們慢慢和廟方建立好關係，活動合作需要錢，需要人，我們都可以提供。

在消費端來說，我們做商品、送吉祥物，讓消費者習慣我們的品牌出現在生活裡，這就是建立關係的一種模式。就像大型連鎖超商，它們的成功不僅是商品的銷量，而是讓商店本身變成消費者習慣去的場所。我做的事業，一個人一生遇到的機會可能只有幾次，但我必須發展多元觸角，讓消費者能在不同的生活面向與我的品牌產生聯結。

這原是一個非常好的想法，在執行上卻有許多困難。

一開始，我秉持著做生意的哲學，不問眼前的收穫，深度耕耘，建立關係。我派許多人不斷與廟方的人接觸。我也明白，越是有影響力的地方，人際關係就越複雜，各有不同的派系和利害關係。

最後，我一個親信屬下打入這個廟方的經營方，終於可以開展合作，無奈沒多久，廟方的人員變動，我和廟方合作的各種關係都被中斷。原本親信的屬下則「帶槍投靠」。合作的資金一夕之間，化為烏有。

這件事，我自己有著一些錯誤的判斷。比如，太過信任屬下，讓所有的關係人脈都由他把持，這基本上是危險的。一個人跑了，你經營的成果就會跟著跑掉。我是個容易相信別人的人，在這件事之後，我開始反省自己的弱點。

我還是願意秉持善意，預設每個跟我互動的人都帶著良善的意圖，但在做生意的人脈關係經營，我從此之後，都親力親為。人的關係是由我建立的，下面的員工不管如何來來去去，公司的營運都不會受到影響。

人，不怕失敗，重要的是如何從失敗裡吸取經驗。

另一個失敗的經驗，對我也有很大的影響。

墓園的短視，讓合作破局

台灣的殯儀業，除了在醫院太平間之外，還可以辦理儀式的地方就是殯儀館和墓園。由於台灣的土地取得不易，這類設施又為民眾所排斥，因此握有墓園、納骨塔的業者有極大優勢。

有些業者，靠著賣生前契約，握有大筆金流，利用手上這些現金轉投資，像是股票、房地產、期貨，轉手獲利的利潤是這些業者的主要收入來源，殯葬禮儀服務反而變得是次要的收入來源。像台灣仁本由我一手創立，沒有背景，也沒有雄厚的資本，沒有墓園，沒辦法賣生前契約，手上的資金流也不比其他家業者。

這對於我們這樣的公司來說是一個很大的劣勢，我們唯一能和其他業者比拚的，就是賣「服務」，唯有服務做得比別人好，才能在這個市場生存。這是我多年來堅持的信念：服務本位。

我非常清楚公司的定位，但沒有墓園，就是少了一個可以辦儀式的體面場所。太平間空間有限，殯儀館的廳堂有限，所有的設備用過一次就要拆下來，所謂裝潢都是臨時性，無法投資做有質感的長期裝潢。

我當時發現市場上有一家默默無聞的小墓園，空有土地和空間，卻沒有錢投資裝修，也不擅於服務，生意僅僅一般。我看到了機會。

一開始，先試水溫，我拿幾個案子借用這個墓園辦禮儀，發現不僅空間或地點，都非常有發展的潛力。於是，我們開始合作，我把案子的告別式選在墓園辦，墓園接的案子，無力承辦的話，也會轉給我們做服務。

墓園因為我們的服務，補足他們最弱勢的一項，也因為我們一連在這個墓園辦過好幾場名人喪禮，墓園的名氣也越來越大。對我們來說，可以長期投資在一個空間，不僅可以提升服務品質，也讓我們的服務有更多施展的地方。因為有大的地方，可以辦一些更大氣、更有排場的禮儀，這不僅可以創造媒體話題，也更能讓自己企業的整體戰力再上一層樓。

這原是一個雙贏的合作，卻因人的貪念而破壞了合作關係。

合作幾年之後，墓園得到比過去高出許多的知名度，加上與我們的合約剛好到期，於是決定不續約，而我們原本投資在墓園的各種硬體裝潢，全都拿不回來。

原本雙贏的合作，頓時破滅。這件事對公司的傷害不僅是在投資的設備、裝潢付諸東流，而原本業務一切都往上走，需要更多、更好的空間進行儀式，還大有可為的公司一下子沒了這樣的空間，又必須重回過去狹小的空間做服務。

這件事，我最大的失誤就是簽約當時，應該簽長期約，而不是短期約。長期約，才能讓硬體成本依時間折舊攤還，還能保持公司的穩定。因為與墓園的合作愉快，我一心設想對方也會想和我們長期合作下去，就這樣輕忽了，人性本質的貪念。每個人都想賺更多錢，成為獨霸的企業，把所有利潤占盡，這是資本主義的邏輯。

然而，果真如此嗎？

企業為了追求極大的利潤，小從事業合作關係的破壞，大到環境的破壞，心中只有「利」字而已，這種做生意的方法看似叢林裡最高的指導原則，實則不然。利，有分長期和短期，這些不惜破壞合作關係，破壞環境，無所不用其極的企業就是只看到眼前短期的利，而人很容易被眼前的利益所迷惑，而不去想日後的風險。

最明顯的例子就是二〇〇八年的美國金融風暴。銀行為了追求眼前的利，把錢放貸給沒有還款能力的人，於是產生了呆債。而為了打消呆債這個眼前的利益，金融業又把這些信用評比差的債券和信用好的債券一起包裹賣出。債越滾越大，最後爆掉，成了金融災難，迄今全球經濟仍在復原當中。

追究起來，這次金融風暴，完全符合企業追求極大利益的特性，然而這些利益全是「眼前」的利。這種只看到眼前利益的結果就是造成災難。

墓園也只是看到眼前的利益，以為有知名度了，可以獨自招攬、進行禮儀的服務。經過這幾年的觀察，墓園的生意日趨沉寂。服務的業務因為服務的對象是人，有著非常複雜和彈性的一面，是不容易被取代的。

原是互蒙其利的合作，最後卻成了兩敗俱傷的結果，而造成這個結果的原因也就只是我的一個輕忽，和對方的一個貪念。成功與失敗就只在這麼一點點的念頭之間而已。

面對挫敗，我從不沉浸在失敗的情緒太久，事實上，公司的業務繁重，根本也沒時間讓我沉浸在失敗的情緒裡。也許是小時候累積了對成功的渴望，就算遇上失敗，我也會毫不猶豫馬上站起來。

現在回頭看，這些挫敗真的不算什麼，也許當時太忙了，加上剛踏入這個行業，所以也把各種失敗視為理所當然。真正讓我身心俱疲、一年白髮的挑戰，是來自中國的布局。每個人都說：「陳董，你台灣生意做得好好的，去中國幹嘛呢？」也有人說：「陳董是去中國玩、包二奶吧。」

面對這些質疑，我完全不放在心上，畢竟我從創業之初，就不斷受到別人的質疑，別人的不信任不會是我挫敗的來源，反而是我向上的動力。只是在中國這幾年，我回頭想起來，可能真是我人生最大的挑戰。

一覺醒來員工全跑光

辦禮儀服務，我的點子很多，公司發展也是一變再變，總是走在業界最前面。很多人以為，我是天性好強、喜新厭舊。知道內情的人都會曉得，這只是表象而已。

創業之初，我和其他業者一樣，只想好好守著一方小事業，能吃下一個大台北市場就可以了，用少少的錢，請少少的人，一點點業務量就能養活一家人。只是環境所迫，我必須一路往前走，擴張公司的規模。

原只是想做街頭意外事故的生意，可是市場飽滿，加上各種街頭暴力臨頭。不得已，我轉往太平間發展。耗費許多力氣，找到了醫院這個通路，透過太平間的空間改造，建立形象，取得銷售的管道。

這些年殯葬市場日趨飽和，大者沒辦法更大了，小者也沒辦法再擴大規模，市場變得很難經營。在台灣，我們公司經營穩健，也有一定規模。如果沒什麼意外，我很可能就這樣繼續經營下去，不會做出太大的變化。

守成？還是往前走？

然而二〇一四年開始，事情出現了變化。在台灣，醫院的太平間主要是由兩家殯儀公司所承攬，台灣仁本是其中一家。不過，這並不是我們刻意獨占這樣的事業，在服務品質與價格上，我們比同業有太強的競爭力。再加上，我們有多年經營這個消費通路的經驗。

公司是從無到有，一步一腳印，並不是憑空得到現在的實力。不過，看在一些傳統業者的眼裡，他們認為我們壟斷所有的殯儀通路，於是開始遊說政府。

在規模上比不上別人，通常我們思索的是要如何讓自己提升能力，在市場上更有競爭力。如果，台灣仁本在市場上比不過其他業者而被淘汰，我沒話說。讓我不平的是，傳統業者不是利用檯面上的市場競爭原則來爭取生意，反而是透過影響政府法規來打擊其他業者。

二〇一四年，台灣政府通過一項立法，預計在二〇一七年七月開始，將禁止在一般醫院太平間舉辦祭拜儀式。這項新立法對我們的最大影響是，昔日最大的通路將會歸零。先不論這項措施對公司的影響，對消費者來說，這也是一個非常擾民的立法。台灣人的居住空間越來越狹小，不像以前農業社會，家裡有喪事的話，可以將大體運回家進行各種儀式。農業社會過渡期間，喪家還可以在附近馬路上搭塑膠棚辦喪禮。現在，幾乎不可能有這樣的事了，你車子只要稍微占了馬路，馬上就被投訴，警察就來了，何況是占著馬路邊連辦好幾天的喪事呢？

大部分的客戶都是在醫院往生，行之有年的模式是，家屬直接將大體停放在太平間，並在裡面辦理簡單的儀式，是節省時間和經濟成本的做法。立法者認為，太平間的空間狹小混亂，不適宜辦理儀式。事實上，經過我們整修過的太平間已經號稱是五星級飯店的裝潢，早不是昔日狹小混亂的狀態了。

如果決議要停止太平間辦儀式的話，也應該要有配套措施。比如，現今殯儀館可開放空間辦理告別式，但各大殯儀館的場地都已呈現被預訂額滿、已達飽和的狀況。土地成本昂貴、又是嫌惡設施，台灣現在的狀態根本不可能再有任何新的殯儀館成立。

這造成的結果就是：家屬家中沒有多餘的空間辦告別式，太平間不能辦，殯儀館又太少，家屬面對無處可辦儀式的困境。立法後，沒有其他配套補足這個缺失，將造成業者、消費者、政府三者皆輸的結果。

然而政府訂出這樣的法規，我們也只能遵行。公司的太平間通路被局限了，風暴將至，必須再另闢市場出口。我決定到中國市場闖一下。

面對這個決定，我身邊的朋友，甚至是太太都齊聲反對。他們的想法很簡單，就算這些法規通過，台灣仁本守著一個小型規模的經營方式，還是可以生存下去。

他們說的都沒有錯，台灣仁本可以用「守成」的心態來經營，但這將面對兩個問題：其一，當企業不再成長，整個組織的文化慢慢走向老化，就算短期不會被市場淘汰，但長期來講，這樣的企業組織是非常危險的；其二，回到小規模經驗，公司勢必裁員。很多公司員工都跟了我十年以上，我不忍心做這樣的事。

為了公司的存活，也為了員工生計，我必須往前走，不能守成。

始料未及的艱困戰場

到中國之前，我對中國的認識很少，頂多是去中國旅遊，或是到金門時，遠遠看到廈門的陸岸，這是我對中國僅有的認識。

雖然對中國認識得不多，但我很有自信能打下一片江山，畢竟我們在台灣從無到有，再到打遍台灣市場無敵手的地位。再看中國的市場，葬儀這個行業仍以舊的方式在經營，我有很多新概念和想法，到中國應該是如魚得水才對，

當我踏上這塊陌生的土地時，我才大夢初醒。這是一個充滿變數的市場，就算我空有最好的服務、最有競爭力的價格，都不見得能在市場上站得住腳。我分析後，得到的原因有幾個：

其一，中國市場和早期台灣很像，殯儀業都是由地方勢力所把持，大多採家族式經營，消費者通常習慣透過認識的人去找葬儀社。台灣仁本是外來的企業，當地民眾不熟悉，就算我們在台灣做得多成功，到當地依舊得從零開始。

其二，地方舊有的經營勢力大多是從事這個行業已經好幾代的家族，一個

省、市大致的勢力範圍都已經劃定，靠彼此默契在做生意。而一旦出現我們這種外來者，讓彼此的利益出現衝突，每一家企業都會排斥我們。

其三，中國非常大，每一省的布局要花上很多時間和精神。我帶過去的人不多，要做這麼多事，非常辛苦。別的不說，光交通移動，台灣從基隆到屏東幾個小時可以到；中國隨便一個省，要從省會到其他城市，就得翻山越嶺，非常不容易。

到中國的第一天，直到兩年後的今天也是一樣，一到中國我就神經緊繃，隨時準備戰鬥，所以時常會拉肚子，飲食也很不習慣。天氣更不用說，冷熱溫差極大，讓我這種在台灣待了大半輩子的人來說，身心還來不及適應異地，天天都覺得很痛苦。

台灣仁本登陸的第一個點在福建省的福州市，福州是省會城市，我想從都會區入手會比較熟悉，也是基於一樣的理由，我選了福建省，因為文化語言相近。我進中國沒有任何關係和人脈，每天早出晚歸，也沒什麼生意上門。

沒想到，開業沒幾天，地方的傳統業者就找上門來，認為我們跨界，搶了他們的地盤。這些地方小型家族公司，每天就派人來我的公司喝茶不走，反正我也沒生意，不怕他們，就坐下來和他們喝茶聊天，殺時間。

在這樣艱困的環境裡，我覺得還是有機會。我的看法是這樣，中國的殯儀服務還不很成熟，我們的商品只要解決通路問題，一定有辦法在中國占有一席之地。當地傳統的家族公司，做生意的方式還是很傳統，他們通常是坐等著生意上門，而非主動去開發，這和我們的企業文化很不同。也正因為這樣的不同，我一直認為我們的贏面是有的。

然而，人算不如天算。半年之後，某一天我早上醒來，我從台灣帶來的九個員工，全部連夜跑掉了，只剩三個當地雇的員工。

這件事情讓我很受傷，也算是我的一個大挫敗。挫敗的心情是，我以為可以同甘共苦的員工竟然頭也不回，也沒事先知會我一聲就「落跑」，非常不夠意思。他們只想到自己的工作困境，卻沒想過，我到中國拓展事業是為了公司中多少家庭的生計，不光是為了我自己而已。

我不甘心，卻也不放棄，沒有人，我就自己做。當時，我們標到一家醫院的太平間，現在員工跑了，我就親自睡在太平間，處理手上的各種喪禮案件。就這樣睡了一個星期，自己接生意。這是我在中國最痛苦的時期。

這種痛苦是，我根本不知道這樣堅持下去，到底會不會成功？還要堅持多久才看得到成果？我在台灣是第一品牌的董事長，到中國半年，我卻淪落到睡太平間，親自接生意。人生怎麼越活越回去了？

很多人以為我在中國不是做生意，而是養女人，或是台灣賺了錢，跑來大陸玩、花錢享樂，不想回台灣。其實，我在中國過得很慘，但我的個性就是這樣，事業還沒成功，我就是不回去。既然還沒做出成績，再怎樣對外人解釋，都只是在替自己的不成功找理由。

這些誤解與壓力，我二話不說，全自己吞了。

睡太平間的那段時間，其實曾認真考慮回台灣，但又覺得沒面子。最後，我決定加雇當地人，用高一點的薪資，在中國找優秀的人才，另外再從台灣調一些有經驗的員工過來，每三個月輪調一次。

輪調來的台灣員工每次終於可以回台灣的時候，總是高興得不得了，我看了也很羨慕，我已經兩年沒有休過一天假了，每天都在工作。輪調的員工還能回台灣，我回台灣就是要處理生意的事，從沒有休假的時候。

看到台灣員工興高采烈回家的模樣，我也開始對當年九個跑掉的台籍員工有點釋懷了。站在他們的角度想，他們還年輕，沒有意識到中國經濟起飛很快，這幾年都會區的消費很高。很多員工以為來享樂，結果來到這裡，消費也消費不起，住的地方還是八、九個人住一間房子。壓力大，又離家背井，先是一個人倦勤，接著情緒感染第二個、第三個……最後一發不可收拾，全部逃走了。

這兩年間，我從一家公司的董事長，變成睡太平間的工友，有天醒來，我在太平間旁邊的廁所洗臉，一抬頭看見鏡中的自己，頭髮白了好多，整個人也蒼老了。

中國的這張考卷，我好像一直寫不完，也不知道這張考卷可以得幾分，突然之間，我變得很遲疑，昔日的自信也沒了。我該怎麼做？未來的路又在哪裡？

「走了沒？還沒！」

人家說，否極終會泰來，中國布局的過程，一覺醒來，員工們不告而別的狀況，我以為已是谷底了，不會有再更糟的狀況。沒想到，狀況沒有好轉，一直處於低谷盤旋的情勢。

一開始，我以為從福建省開始入手，因為語言、文化與台灣接近，也許比較好打入市場。沒想到，這兩年多的過程，對我而言，最難進入的就是福建省的省會福州市。

在車上睡四天，就為了攔官員簡報

進入中國市場的第一年，我為了打入這個市場，四處布建人脈。比如，為了拿下某個標案，我必須去見一個福州市府的官員，我想當面向他簡報，只要肯給我機會，我相信對方一定願意給我合作的機會。可是，我一個初到異地的台灣人，要見官員談何容易。

我什麼都不會，只會最笨的方式：土法煉鋼。我每天到市府門口等官員上班，白天等不到，就一直等到他下班。第一天沒遇到他，我第二天繼續等，我早上八點前就請司機載我到門口等，等一整個白天，吃飯、處理公事全在車上進行，只有要內急的時候，才下車匆匆到附近的店家借廁所。

我在車上的時間也完全沒閒著，批公文、擬企畫案、電話聯絡客戶……我完全沒辦法讓自己閒下來，全在車子上完成。光等人的時間，我毫不浪費，等到後來，連司機也看不下去了，勸我乾脆放棄算了。

官員每天都有公事在外跑，我一直沒遇到，到了第四天，我終於等到了！我遠遠看到，就趕緊下車去攔住他，跟在他身邊簡單報告公司的企畫。官員完全不認識我，和我沒有任何交情，加上他每天要處理各種公務，根本不可能撥出空檔聽我簡報。

我就在他從市府門口走到辦公室的短短幾分鐘路上，快速口頭簡報，讓他對我的企畫產生興趣。

我書讀得不多，但生意場上打滾這些年，我很清楚，要時時刻刻站在對方的角度看事情，這段幾分鐘的路程，我完全不跟他談台灣仁本的服務多好，而是站在官員的角度想事情，和我們合作，政府能得到什麼好處，可以省去什麼麻煩。

經我這麼一說，官員走到辦公室門口時，聽出點意思來了，點了點頭，要我進去說下去。我心裡瞬間覺得篤定，這件案子，不管這次有沒有成功，至少官員對我有印象了，下次合作還是有機會。

我如願進入辦公室繼續向官員簡報，也如預期的，我們相談甚歡，案子順利進行。

官員後來知道，原來我在門口足足等了他四天，他先是驚訝，接著對我刮目相看，認為我很有誠意，之後往來，變得更順利了。我在台灣創業時秉持的就是這種不屈不撓的精神，到了中國，我更是把這樣的精神放大。

然而，光是不放棄的精神就能勇往直前，一切順利嗎？當然不。最大的挑戰依舊是人的問題。

公安、計程車司機，慧眼識各路人才

在泉州，我拿下一間殯儀館的標案，當時我有很多標案都在醫院的太平間，所有的中國員工都忙著處理太平間的業務，根本無暇分身。於是，我從台灣派了好幾個主管一起到殯儀館工作，一開始談好的條件，臨到頭來，幾位主管串聯不願意過來，讓我一時找不到人手。

我很能理解這些主管的想法，在中國工作真的太辛苦了。很多台幹以為到中國可以享受、領津貼，但事實剛好相反。中國因市場大，業務壓力也大，加上這幾年中國經濟崛起，物價也跟著飛漲，很多台灣人到了中國很不適應，物價高，工作壓力又大，離家又遠，是多重的苦，根本沒有享受的機會。

對於不願意受苦的員工，我必須立下標竿。事實上，很多親戚在我的公司裡工作，但我並不會因為他們是我的親戚而較寬待。相反的，我必須更嚴格來要求他們，才能讓其他員工心服。因此，很多外派的工作，我都是找自己的親戚員工做第一順位，而當親戚員工抗拒外派、甚至連交接都不願意，我第一時間就將他們開除，沒有任何顧忌。

外派的工作很辛苦，如果連自己的親人都臨陣脫逃，那我要如何帶其他員工？賞罰分明是一家公司必備的經營心法，甚至對自己有血緣關係的員工，更應該高標準看待。

既然，台灣的公司調派有問題，我就直接在中國本地找人。

中國的狀況跟台灣早年很像，很多人視這行為低下、不潔的行業，這很正常，人們對於自己不了解的行業，多半出於刻板印象而多所抗拒。我進入這個行業，就是為了打破外界對這行的負面印象。

我常往返兩岸，到中國常招計程車代步。有次我在車上聯繫公事。我在電話裡說：「走了沒？還沒？」斷了電話，又接起另一通：「這一個走了，要怎麼處理？都過這麼久了，要快，動作快！」司機聽到我們的對話後，不知為何臉色變得很不好。

有次搭車，我才突然意識到：「啊，這個司機搞不好認為我是黑道啊！」我才趕緊解釋，沒想到，司機和我聊過之後，反而聽得很入迷，對這行產生很大的興趣。人都是這樣，沒有接觸時，對不了解的事會產生抗拒，但只要給對方一個接觸的機會，多了解就可以化解歧見。

我找人才，除了一般的挖角、公開招募員工之外，我連日常生活都隨時在物色可用之人。像是搭車遇到的計程車司機，司機多半為生活所迫，沒有太專業的一技之長，又不想回鄉下種田，於是選擇技術門檻相對容易進入的「計程車司機」這個行業。

他們雖然沒有太深的專業技能，但通常為了生活很願意吃苦，此外，因為跑車的緣故，他們對地方的了解也深。這剛好就是我在中國最需要的人才。所以我在中國搭計程車，最喜歡找司機聊天，這是可以迅速了解地方的方法，同時我也在這些人當中尋找人才，現在公司有好幾個員工，就是由計程車司機轉任的。

我的生活幾乎無時無刻不在工作，搭車還要注意幫公司招募人員，認識我的朋友，也慢慢習慣了我把生死掛在嘴邊的行為，沒辦法啊，我就是做這行生意，談生意時難免觸碰到這些字眼。像是我和朋友打高爾夫球時，案件的通報電話一直進來，十八個洞打下來，死了三個人。

朋友就開玩笑，以後不能找我打球了，越打人死得越多，太可怕了。這當然是玩笑話，其實朋友很喜歡找我打高爾夫球，只要有我在，現場的氣氛就很好。當初打球，目的很實際：因為這一種運動，可以認識不同的人，拓展人脈。

我是一個很討厭運動的人，為這個目的開始接觸高爾夫球，到現在我仍然對打球這件事沒有太大的興趣。不過，我發現，我很喜歡打球的氣氛，大家在球場上邊打邊聊天，很多事自然而然就水到渠成，談成了。

打球就算你再厲害，也不能一直贏球，偶爾要示弱，有時候，我也會刻意打壞。打球的朋友隨時都想贏，因為他們在生意場上贏習慣了，打球也是，對我來說，打球只是交際，而不是贏球，所以要適時放軟，和大家打成一片。

朋友喜歡找我打球，找我的原因並不是我打得特別好，或是打得特別爛，總讓他們贏，而是我很會招呼每個人。每次球場上只要有我在，每個人都覺得特別開心，我會說笑話，讓每個人都有被注意、被招待的感覺。這大概是做服務業的職業病，在人多的場合，我總是想去照顧在場每個人的感受，希望大家在這個場合裡，能愉愉快快、氣氛融洽。

很多人覺得我工作常掛在嘴邊，搭計程車要找員工，連運動也是為了談生意。人生被事業占滿了，難道不會覺得很無趣？我覺得一點也不會，我從不覺得事業占太多時間，相反的，我喜歡與人接觸，隨時和人聊天建立關係，這是我的天性。

例如，前面提到找員工，除了計程車司機之外，我連進中國海關的時候，也可以和搜身的公安聊天，然後變成朋友。這些機場公安穿著制服，一表人才，非常適合殯儀現場的儀隊或服務人員，我也開口邀他們來公司工作。

所以，我在中國的公司有我從各行各業物色而來的人才，這也是加深公司了解當地文化的方式。

光是一個台灣，台北和高雄兩地的消費習慣就不同了，何況幅員更廣的中國，我必須更加深與當地文化風俗的聯結。中國的殯儀生態與台灣有很大的不同，台灣政府想禁止在太平間祭祀亡者，把禮儀集中到殯儀館進行，而中國的殯儀館卻相反，因為是國營的關係，反而一直把這些禮儀工作往外推，不希望家屬到殯儀館進行儀式。

這是完全相反的兩種做法，但我還是看到了生意的機會。

中國的殯儀館是被動等著家屬上門，家屬上門又不希望他們在這裡辦儀式造成麻煩。一般當地的傳統業者賣的是各種「亡者商品」，比如壽衣、棺材、骨灰罈，一個一個商品分開來賣，缺乏整體包裝，甚至沒有「賣服務」的概念。我們則是把一個喪禮包裝為一個完整的商品，裡面有各種服務，在意的是人的情感，而不只是單一商品的價格高低。

雖然公司的經營開始在中國有點起色，人員也在地化了，但我們還是一直遲遲無法打入中國的醫院體系，因此無法在太平間辦儀式。所以，當我們接到服務案件的時候，就只好到殯儀館辦儀式。

中國的殯儀館都是國營，而國營企業多半有種「習性」：多一事不如少一事。裡面的承包商知道我們是外來的企業，更多半不願意配合。於是，我們常遇到的狀況是：公司接到亡者的大體了，可是卻沒有地方可以辦儀式。

雖然，很多中國人還是習慣將亡者拉回家裡辦儀式，但對很多都會區的人來說，家中並沒有這麼大的空間可以辦儀式，大多還是選擇在太平間或殯儀館辦。若殯儀館拒絕辦理，對他們來說非常不方便。

那段時間，台灣仁本好不容易開發得來了業務，常常得四處奔波安排儀式場地，儘管殯儀館多次溝通仍成效有限，使盡各種藉口不讓我們進去辦儀式，不過我們鍥而不捨。再怎麼說，我們做的是光明正大的合法生意，就算在中國，只要合法合理，很多業務仍有辦法開展的。

後來，在數度不放棄的溝通下，終於和殯儀館達成協議，能夠進去辦喪禮了。就算過程中困難再多，但我很確定這塊市場還沒有被滿足，我一直認為自己的公司在中國是有機會的，就算遇到再大的困難、再大的羞辱和不諒解，我頂多就是一個人躲在棉被裡哭個幾分鐘。不成功，我絕對不放棄。

放下身段，才能真正站穩

很多到中國發展的台商，失敗後回台灣常有一種論調：中國投資風險很大，很多市場看得到吃不到；又或是另一種論調：中國風土文化與台灣大異其趣，要融入當地文化，企業要接地氣相當不易。

我的想法很簡單，做生意只有成功與失敗，一拍兩瞪眼，任何理由都是替失敗找藉口。我在中國的經驗是直接面對各種困難挑戰，不退縮，失敗挫折是自己不夠努力，是自己判斷錯誤，抱怨外在環境是於事無補的。

台灣這幾年，對中國的認識還停留在數十年前的模樣。像是，跟我一起到中國工作的台灣員工最後會失望離職，有很大的原因是他們至今還以為，中國物價便宜，玩樂成本低廉。事實上，不要說是一線城市，光是我們布點的二線城市，很多物價已經和台灣不相上下，到中國工作的台灣人已沒有早年那種花點小錢就能吃香喝辣的情景了。

中國在殯葬禮儀這方面的專業人員並不多，但人員素質的成長非常快速。對於這樣的新富國家，大部分人民經歷過童年貧困生活，加上滿地都是機會，這裡的人成功動機非常強烈，非常能吃苦。正和世上所有新富國家一樣，社會中有一群渴望向上流動的人，他們不惜一切代價追求生活品質的改善，這種向上的動力，不僅為個人帶來生活的改變，同時也對國家社會帶來正面的提升。

人才的競爭、對中國錯誤的期待，常是台灣人沒辦法長久在中國待下來的原因。這也是很多殯葬殯儀公司不敢西進的原因，有些資本比台灣仁本更雄厚的公司，甚至才在中國經營幾年後就宣布放棄。我在短短兩年的時間，做到這些大型公司七、八年做不到的規模。

當台灣仁本在中國的事業開始邁入新氣象之後，隨之而來是另一個大挑戰。

遇見殯葬蟑螂，破除「贏」的迷思

我在中國得到醫院的太平間承包權之後，照往常的程序，公司會派員到太平間管理業務。得標沒多久，我們開始覺得不尋常，太平間裡有一名資深雇員遲遲不願將業務移交到我們新派過去的人員身上。我到現場勘查，發現太平間陰暗、破舊不堪，這位不願離職的雇員竟然還在我面前抽菸。在我的規定裡，工作現場是不准抽菸的。這不僅是為了維護環境清潔，也是為了營造公司的門面，不能給外界一種這行就是不莊重、輕浮隨便的印象。

而這位雇員也完全不理睬我要他熄菸的要求，我當時就感到事情有些不妙。隔幾天，去接手的公司人員竟被雇員毆打，還被醫院扣留。我向院方溝通，發現院方對這名雇員沒有任何約束力。

我明白了，我是遇到殯葬蟑螂。

這不僅是在中國，台灣也有這種游走在法律灰色地帶的不法之徒。由於這行的標案牽涉大量利益，新得標的公司常得和過去得標商家協調，很多原本經營的商家不願放棄手上既得的大筆利益，因而要脅新得標公司花大筆金錢擺平。

面對這種狀況，我的立場很堅定：和對方周旋，透過正當的法律途徑解決。有理走遍天下，無理寸步難行，這是海內外皆通的道理。不過，浙江慈林醫院這件糾紛，我很快就決定放棄，宣布退出這間醫院太平間的經營。

這個決定並非我怕事，也不是對方後台背景惹不起。當我的公司大到一個程度，任何決定都必須考量投入的成本與收益的問題。我若循法律途徑，醫院是站不住腳的，我的贏面很大，但這麼做要花費大量的時間和人力，而這間醫院太平間能得到的回收，可能只略大於我所投注的法律資源。

正因為公司規模大了，我不能執著在小鼻子小眼睛的蠅頭小利上，換個角度看，我把時間人力耗在這裡得到的利益，還不如我把這些時間人力我從台灣帶來的九個員工，花在別的據點上得到的利益呢。中國市場太大了，沒必要為了一間醫院而把人力和資源鎖在原地，而忽略其他更大的資源。

豈能為了一棵樹，而放棄整座森林呢？

對一個經營者來說，常有一種「贏」的迷思，認為有理、贏面大的時候，就會持續投入資源「作戰」。對於像我們這種縱橫商場多年的人，有種使命必達、追求成功的「心魔」。有時候，懂得放手，適時設下停損點，才是真正的「贏家」。

這是我在中國生意場上對自己的重新認識，以前那個好強要勝的我，也開始被磨得更圓融了。很多朋友這幾年見到我，除了說我變老了之外（沒辦法，布局中國真的太令人傷神了），就是脾氣變好了。

接到習近平妻舅的喪禮

在中國的事業，終於苦盡甘來，在二〇一六年底的時候，台灣仁本在中國的事業開始獲利。整整花了兩年多的時間，我站穩了這塊市場，我知道前面的路仍有各種波折，但我十分自信，所有的困難都能迎刃而解。

當時，台灣的業者不看好，中國的同業也批評我們不接地氣，現在也沒話說了。我不僅用當地的員工，了解當地的殯葬文化，甚至搞清楚當地業者的關係網絡。當地業界現在更不敢認為我是一個搞不清楚狀況的「境外業者」了，因為二〇一六年，我接到了一個指標性的案子。

是習近平的妻舅在台灣的喪禮。

這也要感謝台灣媒體人蔡玉真的牽線，我注意這個案子很久，但欠缺人脈接頭。某天晚上，我接到蔡玉真的電話，告訴我這個案子看我有沒有辦法幫忙。我二話不說，馬上飛回台灣處理，這個案子的重要性不在於價格，而是對整個公司的形象和能見度有很大的提升。

事實上，這位「名人」的喪禮並沒有特別奢華，或是特別的要求，非常一般百姓的規格，只是因為兩岸分治，亡者的身分有些敏感而已。辦過這麼多的喪禮，喪禮最終的本質還是人，關於人對死者的不捨，追念過去，安撫生者，我們用這樣的眼光去看這些名流巨賈會發現，人生在世，擔心、害怕、掛念的，其實都很類似。

兩岸分治下，除了有習近平妻舅的例子，還有更多漂流在外的台商。台灣仁本是中國境內最大的台灣殯葬服務公司，所以台商一有什麼問題，通常會找上我們幫忙。

既然是「幫忙」，有很多案子可說是幾乎無利可圖的狀態。比如，在中國過世的台商大多希望落葉歸根，安葬台灣。光是要將亡者燒化後，將骨灰運回台灣就要花不少錢，很多家屬根本沒辦法負擔費用。

曾經有一個台商因病在昆山過世，我們將骨灰接回台灣，並辦簡單的儀式，這樣的規格只花了六萬元。當時沒有任何的台灣公司敢接這個案子，因為骨灰不能當一般貨物寄送，需要有專人攜帶入關、出關。所以送一件骨灰，公司至少要花上來回機票請專人送，再加上當地的火化費用、台灣的禮儀費用，這筆數萬元的費用對所有的台灣公司來說，不可能賺錢。

台灣仁本接了，而且還有賺錢。

其中的祕訣並不是我們偷工減料，在服務上打折扣，而是因為我們在兩岸都有據點，公司人員常在兩岸往來，公司員工回台、赴中國都可以順便運送骨灰，對公司來說，根本不是額外的費用。我們在中國的據點多達十九個，橫跨五省，同時還有許多合作的同業，台商在中國發生的任何狀況，我們都能以最低成本達到最高效益，這完全不是其他公司所能企及。

我在台灣是一家具規模的公司老闆，出入有車子接送，吃的、用的都有一定的品質，到中國幾乎是重回公司的草創年代，一切從頭開始。很多人好奇，我是怎麼放下身段的？問這個問題的人，大概都忘了，我本來就出身底層，對我來說，沒有什麼好失去的，從來沒有身段這回事。

魚翅、鮑魚和路邊攤的一碗湯麵，對我來說都一樣，我在乎的是如何把自己的理念想法，透過公司經營，對這個世界帶來一點點轉變。

外在物質條件對我來說，根本不是會造成困擾的事，反而是因為在台灣的成功經驗，我在中國的許多策略都會想得很仔細，已不再是當年有勇無謀的創業小子，想到就去做，一點點念頭就敢往前衝。台灣累積的經驗，讓我每一步都「想很多」，知道每個看似無關緊要的決定，都可能是一家公司的成敗關鍵。於是我在中國的每個決定都變得小心翼翼，也因為想得多，每個決定都做得非常不容易。

有時候，我反而懷念起年輕時，那種不計後果的決策風格，我現在再也不能任性而為了，因為這麼多員工仰賴公司養家活口。每個決定我都要很清楚可能會帶來壞的後果或是好的影響，對一個不斷在市場上創新的人來說，這些步步為營的策略，反而沒有當初什麼都不懂、憑著熱情闖蕩來得有趣。畢竟，人到了不同的人生境界，面對的問題也就不同了。

Chapter 5

人的終極關懷

人們面對親人的離世，情緒是共同的，不會因為社會或時代轉變，傷痛變得更重或更輕。也許未來喪禮的天數變短，方式也簡化了，但人們仍需要一個儀式，去安放並跨越這些情緒。

殯儀業的未來挑戰

我在中國市場的這些年，不僅讓公司站穩了市場，同時還看到了殯儀業未來的可能模式。

台灣早年喜歡吹吹打打、熱鬧的喪禮，一辦就十天以上，剛到中國的時候，我卻發現，這裡的喪禮天數非常短，有的甚至不到一週就結束。這也是未來的趨勢，我們勢必得面對這樣的局勢，民眾願意花錢大辦喪禮的案件可能越來越少了。

然而，我並不是一開始就看到這樣的趨勢。對於一個台灣來的公司要在中國市場站穩腳步，初來乍到第一個被問到的問題是：你們如何和本地同業競爭？對於競爭的想像，大多是資本主義的邏輯：大者恆大，贏者全拿。尤其在中國這個商業競爭激烈的地方，好像非得和同業殺得血流遍地、你死我活才能罷休。

媒體喜歡說中國企業的「狼性」，具侵略性、野心大；台灣業者則像是溫和的鴿子，侵略性低。這樣的特性，反過來看，也可說是：台灣業者強調的是共生和解的市場法則，這兩種生意哲學，沒有誰比誰優秀的高下之分，端看企業主如何抉擇而已。

這種說法看似新穎，其實是延續了一九九〇年代管理學X理論與Y理論的爭議，兩者對人性的假設不同，反映到商場有不同的行為。例如，認為人性本惡、天生好逸惡勞，所以需要各種管制措施；反之，也有人認為人性本善、工作是生活的一部分，人會主動投入工作，管理要順著人性，讓個人在工作場域上發揮天性便能達到工作目標。

所謂狼性、鴿性的企業組織也是源自對人性的假設不同，人性有好鬥的一面，所以市場競爭是人性好鬥的延伸，必須戰到最後一兵一卒才分得出輸贏；不同看法的人則認為，人性也有和平與他人共處的能力，所以商業競爭並不是爭奪最後能在市場存活下來的唯一競爭者，市場也有可能同時並存著不同規模的業者。

台灣仁本在中國據點的大陸員工由於小時候吃過苦，又在一個競爭激烈的環境下長大，每個人的企圖心都非常強，我交辦的任何工作，他們通常會花上很多力氣完成；至於台灣的員工，則是協調性強，在服務客戶上比較溫和貼心，兩種員工各有優缺點。

別的企業主可能常會看到員工的缺點，而我剛好相反。我反過來擅用這樣的差異，在開拓業務據點，我擅用中國員工的侵略企圖心，但在服務客戶這端，我則用台灣員工帶領當地員工做服務，台灣人講話比較婉轉，而且台灣的服務業發展較久，有較完善的一套應對方式。

比如，我會花很多時間和喪家聊天，主動了解亡者的過去，因為有這些了解，才可以將這些家屬的回憶融入喪禮的細節裡。這些工作都很花時間，服務要真誠，要讓家屬感受得到。但很多時候，我們花這麼多力氣聊天、建立關係，但案件不見得最後交辦給我們公司執行。有些中國員工就對這種做法不以為然，認為不符成本效益。

我認為，如果一開始就帶著很強的目的和家屬聊天，家屬一定感受得到。服務業是一個很特殊的行業，是服務人的「心」，當一個人做出來的行為都是利益目的為導向，被服務的人一定感受得到。如果對方不讓我們接這個案子，那一定有我們做得不夠好的地方，千萬不能因此和他們翻臉。

這樣的企業性格常會被說成是「鴿性」，甚至是沒有攻擊力的「兔子」，我認為這種貶低溫和特質的評價並不見得公平。台灣社會一向以自由多元為特色，一個社會裡存在著不同的競爭企業體，對我們來說，這才是健康的市場。在中國這樣競爭激烈的市場裡，我並不因為來到一個狼性國度，也跟著變狼性，我還是帶著台灣企業的特質來到中國，也因為這個不同於在地的特質，我才能在市場上長久。

中國古文有這樣一句話：「柔弱生之徒，老氏誡剛強。」老子告誡弟子，性格勿過度剛強，才不會招來威脅；看似軟弱沒有威脅的人，才是最後生存下來的人。

時間短、簡化的喪禮是趨勢

中國市場看似險惡，我走的路線卻是與當地業者相互支援合作的方式。

前面提到，中國業者強調「商品」，賣的是骨灰罈、壽衣、紙紮人……這些單一商品的競爭，台灣仁本並不會介入，相反的，如果可以互相合作的機會，我們也從不排斥。有生意大家做，我們把市場的餅畫大，並不拘泥於市場裡的資源爭奪。

舉例來說，我們的強項在禮儀服務，如果客戶有自己屬意的骨灰罈、紙紮等商品，我們也能配合。不要把別人殺絕了，讓一點利益，讓大家都能在這個市場上和平相處，才是做生意最高段的手腕。

我並不會因為我是台灣的公司，堅持只做台灣人的生意，也不會只願意和台灣人合作，我不斷引進當地人才，就是為了融入當地文化。同時，我也不只是被動地等待別人合作，我整合上游的商品，將成本壓低。

到中國布局前，客戶的喪禮我就常比照演唱會、公關活動辦理，還曾經找公關公司外包，但一經過外包，利潤就變低。幾次經驗之後，公司開始有一組企畫部門專門製作這種特殊活動，等於是養了一組「公關活動部」，這是其他公司沒有的，但這不僅能讓公司累積辦活動的經驗，成本也不會因外包而提高，而可以用更少的錢做出更高品質的活動，這就是我們的競爭力。

外包有許多風險，例如價格受制於人。喪禮是一個特殊的場合，一般公關公司經驗並不多，每次一外包，通常需要從頭花時間溝通，並不見得有效率。這也是我成立企畫部的初始動機，但隨著公司規模越來越大，我發現必須朝相關領域發展做出整合。

會有這樣的想法，也和中國市場的經歷有關。

在中國，每場喪禮花費的時間只有數天，不像台灣人習慣辦滿七天，甚至有些傳統的家庭會辦滿七七四十九天。因為辦理的天數少，所以中國客戶平均的花費只有新台幣四萬元。

每個案子的價格越來越低，代表公司的利潤越來越薄，而且可以預見的未來，這絕不是專屬於中國的特色，同樣地回到台灣，我們也發現台灣人辦喪禮的時間也越來越短。中國市場等同於預告了殯儀業的未來走向。

喪禮時間縮短有很多原因，一方面是文化使然，中國本地沒有辦長喪的習慣。另一方面，現代生活的轉變，人的時間越來越珍貴，還要騰出空檔守靈、辦喪禮，因而力求簡單隆重，不再像過去繁複。

還有一個隱性的社會原因是，全球的經濟走勢疲軟，消費緊縮，連帶喪禮開支也日趨保守。就連快速發展的中國，在這項消費支出上也可以感受到緊縮的態勢。面對這樣的情勢，我們能怎麼做？

台灣仁本開始做橫向的產業整合。例如喪家辦宴席，準備祭拜牲禮，各種禮儀上用得到的商品，我們都自己做，不再外包，這種做法除了控制禮儀各環節的商品品質之外，我們壓低成本，等於獲利的空間就高了。

因此，當市場上每個案子的天數縮短，但我們一樣得出動一定的人力才辦得起一個有一定品質的喪禮，這意味著我們的獲利空間會越來越少。而這種商品鍊的整合，是能保持品質，又能壓低成本的方式。

不過，這等於增加了公司後端管理的難度。試想，我們一家禮儀專業的公司，現在還要管食品保存、管喪禮紀念品洽談、管活動辦理的軟硬體設備……這才是真正考驗一家公司的管理能力。

後端事項龐雜，每項控管都要花心思建立流程，這個行業要獲利，已經不容易，還要再維持過去的獲利空間更是難上加難。我對未來這一行的預測是，小型業者將會越來越難生存，現在很多家族式經營的業者，一年只要接一點點的案子，就能養活一個小型的兩人公司。這種公司的模式運用傳統人脈去拿到案子，人力成本壓得很低，所以只要幾個案子有賺錢，就可以維持一個小賺不賠的偏安狀況。

只是這種「偏安」的模式將會被打破。一個很明顯的道理，當一個案件只有一、兩萬元的獲利，就算你一家再小的公司也無法承接，因為小公司所有的商品、業務都外包，甚至是一再轉包。業務一經外包，利潤就被壓縮，而低利的案件，再經壓縮幾乎就無利可圖了。

陪伴生者，真正放下悲傷

這是我對這一行的未來預測，這個轉變很可能這幾年之內就會發生，而台灣仁本也做了調整和準備。

外在環境不斷轉變，連帶影響人們對葬禮的看法和期待。好比，以前入土為安，講求時間長而隆重的儀式，現在人們的時間變少，甚至開始流行環保的樹葬。這些轉變都是對殯儀業者的挑戰，在這些挑戰中，我們要不斷調整步調才能因應緊接而來的轉變，甚至在朝未來轉變之前，我們就要預見市場的風會往哪個方向吹去。

不過，無論市場如何變化，有一件事是這個行業不變的：那就是對人的終極關懷。

殯儀業做的服務都是針對人而來的。這裡指的人，既是亡者在世的家屬，也是往生的亡者。對於亡者，我們要在禮儀過程中，強調他的性格及美好的一面，讓他走得有尊嚴；而對於生者來說，這些繁複的禮儀，甚至是徹夜的守靈、都是一種療癒的過程。

有很多客戶都跟我說過這樣的經驗，平日並沒有堅定的宗教信仰，但在親友過世時，客戶親自替亡者頌經，親自守靈，在這些看起來規律卻稍顯瑣碎的禮儀過程中，家屬慢慢沉澱了情緒，把悲傷放下，接受家人離開的事實。

很多人以為這是宗教的力量，對有信仰的人來說，也許是；但對很多沒有宗教信仰的人，做這些事的同時，也能獲得類似的效果，我認為這就是禮儀服務的精神。在各種服務儀式裡，個人的情緒會得到安撫和釋放。

這是我做這一行最大的意義。不論社會、世界如何轉變，人們面對家人的離世，情緒是共同的，不會因為社會或時代轉變，傷痛變得更重或更輕，我們都需要一個儀式去安放並跨越這些情緒。也許未來喪禮的天數變短了，儀式也簡化了，但人們最終的情緒需求並不會改變。

也正因為看到人們這樣的情感需求，台灣仁本的服務依舊是以人為本位，以更高的服務密度來面對家屬，提供更精緻的服務，使生者得到療癒。

有緣相「交陪」

做生意，我秉持廣結善緣的原則，即便這一行，早年受盡各種歧視眼光，別人連碰都不想碰。不過，我的個性本來就喜歡與人接觸，我總是有辦法和各種陌生人相談愉快。

做生意加上喜歡交朋友，難免常遇到一些政治人物。一開始，我很羨慕別人怎麼可以認識這麼多檯面上的政治人物，於是我也想辦法想和這些人搭上關係。倒不是要利用政治人物的特權關說，而是他們既然身為地方的民意「代表」，通常對地方的事務會有很深的認識，往來的人脈也豐富。在剛開始創業的時候，我以為從這方面著手，可以對我的事業帶來很大的幫助。

遠離政治抬轎，不計利益交朋友

想起來，我當年結婚的時候，婚宴上只有一個台北市議員來證婚，還是朋友幫忙找來的。我什麼人也不認識，靠早期生意做出來的口碑，政治人物常跑紅白場，我也常出現在紅白場，所以總統或行政院長看到我的頻率，可能比看到他們的朋友還多。

見最多的還都是地方議員，因為喪禮服務做得好，常讓他們留下深刻印象，有時候會聊上幾句，無形中就成了朋友。立委和議員有什麼需要幫忙的，我都義不容辭，我認為當朋友就是這樣，不是去算計利益，而是能在對方需要的時候，提供協助。

比如，很多議員的選區會有中低收入戶，當這些貧困家庭中有人過世，常常付不出錢辦後事，議員會居中協調，我們常出面幫忙處理這些案子。當然，這些中低收入戶可以申請喪葬補助，但基本上補助的錢都是杯水車薪，對我們來說，這點錢也根本不敷成本，然而對於經濟陷入絕境的喪家來說，卻是救命的及時雨。既然這點錢公司還能負擔，我常常就算了，不收錢幫忙辦。

跟我交往過的人都知道我的個性，幫助別人，讓別人生活好過一點，我就很開心了。我幫了這些人，包括議員們，他們認識的人多，有什麼適合的案件也會推薦我們給喪家，這又是一個雙贏的局面。

不過，幫忙是要付出代價的。既然是議員，就要面對選舉的壓力，政治人物沒有選上就什麼都不是，選舉是他們生涯裡最重要的事。對朋友重要的事，自然對我也是重要的事。

大概在二十年前，公司的營運開始有點起色時，我的政治界朋友們要出來選舉，我還會一早六點陪他們掃街。做這事會苦嗎？我還挺樂在其中的。我喜歡人群，懂得營造現場氣氛，每到選舉季就是我最忙的時候，我三十一歲的時候，當時公司規模還不算大，我就能一個人幫議員辦三百多桌的流水席。

回想起來，當時往來的議員助理，現在都已經當上議員了，有些人則已經進入政府單位任首長了，做這些關係都沒人教我，我完全是順著自己的性格去做，不覺得有任何委屈。很多人認為，我這樣一早陪掃街，晚上還要幫政治人物開流水席，根本沒有任何利益可言。這一點，我事後發現，政治人物對我的生意幫助真的很有限。

除了介紹客源之外，當我們遇到不公平的競爭、被其他業者欺負，不知道找誰時，議員通常可以提供一些簡單的法律諮詢和調解工作，但頂多就是如此而已。很多人笑我，花這麼多錢、這麼多精神去「交陪」，結果換不到什麼利益回來，非常傻。但我知道，我不是傻，是交朋友，多認識一個朋友，就少一個敵人，眼前看不到實質的效益，但往後哪天能否幫得上忙，都很難說。

幫政治人物抬轎的工作，我做了大概十幾年了。一次都花好幾百萬。交情不錯的，只要對方開口拜託，我都支持。什麼黨派的人都有，至於有什麼標準？那時候年輕，不懂政治險惡，只要覺得談得來，看對方正派，我就會幫忙。

然而，政治是很複雜的，同一個選區，我幫了誰，對手就跟我交惡，涉入政治我以為是廣結善緣，沒想到反而是樹立敵人。再者，政治人物大多非常現實，選上就忘記你了，只有需要你幫忙的時刻才會登門拜訪。有些民意代表則是另一種狀況：你支持他一次選舉，他第二次開口要你幫忙，你不幫的話，他可以馬上翻臉，完全忘記你之前幫他的忙。人一翻臉，什麼可怕的話都講得出來，因此，我後來慢慢遠離政治抬轎的圈子。

說穿了，我做生意沒有政治人物的幫忙，一樣可以做得有聲有色，為了一點蠅頭小利涉入複雜的權力鬥爭關係，不是像我這種生意人應該花時間的地方。現在我無黨無派，沒有政治色彩，做任何事反而更加方便。

後來的競爭對手，看到我們公司日復一日成長、擴編，還以為是我早期靠民意代表打下的基礎，不少新進的業者走「政治」關係的路線，與不同的立委和議員建立關係。政治人物看誰出手大方，也就跟著誰走了，我與他們的關係經營也慢慢更淡了，我覺得無所謂。

與寶如姊的緣分，首創臨終關懷

有些人的關係是日久見人心，慢慢會淡掉；但有些人的交往卻像酒一樣，越放越香醇。我在職場上跟一個人的緣分很奇妙，我不敢說是我幫她，而是我們在人生的路途上，有機會都會互相拉對方一把，成為彼此的恩人。

這個人是資深藝人紀寶如。

我跟她的緣分很奇妙，我在高中就認識她了，那時我在台北市各大舞包場賣門票給學生，而某間舞廳的大股東就是紀寶如，那是她最風光的時候。她是知名藝人，從演藝圈賺很多錢，開了咖啡店、舞廳和電動玩具店，我那時候看她生意做得這麼成功非常羨慕。

我還記得，她有店要新開的話，客人來得不多，場面不熱絡，常常會叫我們這些「小朋友」到店裡充充人氣。她當時對我們這些幫忙的「小朋友」都非常好，該給的錢從不拖欠，也不囉嗦。

之後，我淡出舞廳的包場生意，這段時間，我們完全失去聯絡，也沒有對方的消息。直到多年後，我在報章雜上讀到紀寶如的先生余龍在一起三溫暖的大火中被燒死。

我那時候已經成立台灣仁本，某天在環亞飯店的電梯間，我遇到了紀寶如，重逢當然開心，我們聊了一會，互留名片。當時，她已經從演藝圈退下來在酒店工作，她的日子過得很辛苦。

我曾經到她工作的酒店消費過，發現紀寶如和我過去認識的那位喜歡幫助人的大姊不一樣了。她每次一喝酒就發酒瘋，四處打客人，她的客戶還因此被打跑了，我看不下去，向她建議：「你來我公司，不要再做這些。」

找她來公司時，我並沒有想太多，像紀寶如這樣的明星在我們公司能做什麼呢？在她來報到之前，我想到一件很適合她做的事，就是「臨終關懷」，我們派出一些人員去安寧病房做關懷和服務，當時的殯儀業者沒有人注意到這塊市場。那個時候，安寧病房的概念才剛興起沒多久，台灣人面對死亡開始有了比較不一樣的心態。這是一個很好的開始，我們不應該再忌諱死亡，而是直視它，讓往生者離開時不會感到遺憾。

紀寶如有做這個工作的潛能。她人生閱歷豐富，也曾在意外中失去親人，這樣經歷風霜的人懂得人生是怎麼回事，知道失去是什麼，悲傷要怎麼走出來。因為她經歷過，所以說的時候，格外有說服力。

她是正式的員工，不是「沾醬油」式的兼職。她在關懷做得很扎實，到病房陪病人和家屬聊天，而且不只去一趟，是不斷地去、不斷陪伴。我當時只是單純想安插一個好朋友工作，沒想到她做得有聲有色，公司反而因為她出色的工作表現被更多人注意了。

所以，整體說起來，我不能說我在幫紀寶如，因為紀寶如在我小時候做舞廳生意，也曾經幫過我。她到我的公司做臨終關懷，她當年在社會的知名度比我還高，台灣仁本因為她而提高不少能見度，因此不要說我幫她，而是互相幫忙。

至於臨終關懷，對於公司的業務有多大的貢獻？老實說，其實很小。很多企業經營者常會被眼前的數字利益所迷惑，而忽略很多時候，做一些看不到眼前利益的事，反而能默默幫公司加分。紀寶如的臨終關懷做得太成功了，很多同業也開始仿效。

說起來，任何一個人要從原本的工作領域轉換到一個完全不同、又天天要面對死亡的工作，這樣的轉換非常勇敢，這也是我以前認識的紀寶如，敢愛敢恨敢於做改變。她過去幫助了我，我有能力後也要照顧一些人。

幫助別人的時候，我常常想起自己年輕時，如果有人拉拔、提點，我也不會過得這麼不快樂，走的路也會好走一些。我現在有能力後，盡量能幫就幫，讓人快樂，不要像我當年那麼辛苦，或許現在多幫人多一點，就能讓當年的遺憾再少一些。

二十年的生死路

從最早的花圈公司一路到台灣仁本，一轉眼，我在這個行業已經超過二十年了。在這二十年間，有多少大大小小的葬儀社已經在市場上消失，台灣仁本不僅在各種逆境中存活下來，二〇一六年底開始，中國事業體更已經開始獲利，台灣仁本的整體營業額和獲利都是上揚。

在這個大環境經濟往下走的時代，我們卻能逆勢獲利，是非常令我驕傲的事。回顧我的人生和事業，我的中心價值就是：堅持，不輕易放棄。

追究起來，我這種打死不退縮的堅韌個性，來自我的成長背景。阿母過世得早，阿爸忙於工作，我是一個人摸索著長大。雖然年輕時不學好，交了不好的朋友，還和人打架鬧事，但我很慶幸阿公和阿祖一直陪在我身邊，讓我在走歪路的時候，能想起家人的支持，而想讓家人過更好的生活的念頭，造就了我拚命追求一個事業成功、賺大錢的人生。

然而，做的是生死事業，看過太多生死離別的故事，賺大錢真的是人生追求的唯一目標嗎？人最後都是一死，錢是生不帶來，死不帶去。在這個行業裡，我學到比賺錢更有價值的事，就是廣結善緣，與不同的人交朋友。

交朋友的心態反映在做生意的原則上，就是不要把對方趕盡殺絕。在中國發展的經驗讓我成長很快，面對當地業者的競爭，我願意與他們和平共處，他們賣他們的商品，我賣我的服務，彼此不相競爭，一起把市場做大。

這幾年，我到中國布局其實也是為了公司的未來，這也幾乎是所有台灣企業的命運。以這個行業來說，光大台北地區就有一千多家大大小小的葬儀社在競爭，可是一年當中大台北地區才有多少往生者？台灣市場的過度競爭，導致企業的利潤變得很低。

台灣許多行業都面臨到這樣的問題，市場小，過度競爭，只好削價，而低價戰之後，大家的利潤都變薄了。科技代工業、有線電視商戰都是很明顯的例子，我不能讓自己的公司走到這樣的結局，所以我選擇布局中國。中國市場比台灣大，但具規模的競爭對手有限，像福建省只有一百多家葬儀社，大約只有三家較具規模。

然而，看起來低競爭的中國市場其實變數很多，只有靠靈活變通和過人的毅力才能堅持下去。在台灣遇到的問題，中國市場全都有，而且還是成倍數的規模發生。經營中國市場，我們必須要有一個心理準備：中國社會變化很快，人員學習也很快，昔日低物價、低生活品質的中國社會已經慢慢消失了；中國社會的消費物價、對商品的要求也越來越高，很多大城市的水準甚至不比台北差。

市場大是優點，也是缺點，公司必須應付各區域的銷售需求。比如，中國北方靠近上海的市場對新的禮儀服務接受度高，而南方的鄉鎮反而較保守。一樣的服務，必須在不同的區域尋求細部的調整。

這些調整是考驗公司機動應變的能力，而台灣仁本和其他公司最大的不同點之一就是：應變的能力。在台灣經營這些年，我們不斷在服務上升級，一旦有重大社會事件或是名人的喪禮，我們可以一個晚上調集近百人。比如，二〇一七年蝶戀花遊覽車意外事故，我們可以在一個晚上調集五十名禮儀師到現場處理各項殯儀事宜。這種機動性並非一般公司就能輕易辦得到的，這都是一個案件一個案件累積出來的能力。

給這個行業，一個看得見的願景

因為賣的是服務，最珍貴的也正是我們的員工。這一行有個不成文的習慣，由於承包的太平間二十四小時都可能有往生者，因此員工需要全天候輪班。然而，一般員工到四十歲體力不行了，幾乎沒辦法再這樣日夜顛倒。

所以這個行業的人，四十歲之後通常只有兩條路走：一是當老闆，自己經營一間葬儀社，這種例子通常做個幾年，公司就倒了。畢竟，這是一個越發競爭的市場，沒有專業經驗和一定規模是很難立足；另一條路就是離開這行，我見過太多人最後就是這樣離開。

我認為這樣非常可惜，這也是我不斷拚命的理由之一。我不能看著跟著我大半輩子的員工，因為市場萎縮，因為年紀大了，沒有其他適合的工作，只好離職。這是身為一個企業經營者的責任，讓員工在企業內部能隨著年紀增長，找到適合自己的工作，而這些累積的經驗，又能再回饋給公司本身。

殯儀服務現在已不可同日而語，員工穿西裝已是基本配備，很多同業強調一年可以休多少天假、有幾天員工旅遊，這些都不是讓員工願意留下來的理由。我們的員工都是大專以上的學歷，對於這些高素質的人材，你必須提供他們可以看得見的職場未來。

我敢說，別的同業沒辦法提供員工多麼美好的未來願景，市場這麼小，利潤這麼低，公司規模沒辦法擴大，人員的升遷就相當有限。然而，台灣仁本不同，我們看的是國際化的市場，我要將台灣仁本帶出台灣，進入中國，進入國際。員工在這裡工作，不僅沒有四十歲的年齡關卡，同時，他們可以看見自己的未來，可以想像自己將來外派到中國任何一個城市或國外工作。

如果二十年前，我對別人說，我要開一間葬儀社，然後把這間公司做到走出台灣，成為大中華地區，甚至是國際上知名的大型企業，講這樣的話一定會被很多人恥笑。事實上，連我自己都沒想到能走到這樣的一天。人的潛力是無窮的，面對困境只有不斷求新求變才能生存下去，才能真正看到自己的潛力能達到怎樣的目標。

回首這二十多年，殯葬禮儀市場也變化很大。二十年前，喪禮一辦三十天的也大有人在，而所謂的喪禮就是拿著鎖吶、鑼之類的國樂器，敲敲打打一番，熱鬧有餘而沒有精緻的內涵。那也是一個暴利的時代，禮儀服務做得隨便，價格也不透明，業者坐地喊價，生意幾乎是隨便做就隨便賺。

如果，當年我也延續這種賺錢方式而不思長進，現在一定早被時代淘汰了。台灣很多業者就還是這樣的心態，認為以前可以賺錢的方式，繼續做下去就好，完全無視消費者需求已然轉變，服務也必須隨之提升。

如今台灣的消費者不再追求「熱鬧」式的喪禮，白女孝琴、五子哭墓的橋段已經越來越不受都會區家屬接受，他們要求的禮儀大多強調隆重和個人化。例如越來越多家屬會希望在喪禮上播放往生者一生的照片回顧，或在現場布置和往生者生前有聯結的物件，那種一套打死、吹吹打打的傳統做法已不符時代需求。

對一間公司來說，每個客戶都有其特殊需求，如要滿足各種客戶的需求，經營的過程會變得更複雜和瑣碎，這對一般的傳統家庭式經營或是兩、三人的小型公司來說，根本應付不來。

公司具有一定的規模之後，有企畫人員，有行政人員，每個工作有專職的人負責，才能提供更多個人化的服務。不過，當一家公司的規模不斷擴大，又可能產生另外一個問題：組織按規章運作，好像少了人味，而變得冰冷。

所以，我特別要求員工對家屬的服務，要讓家屬真正感受到我們的熱忱，不管案件大小，我們都會花上很長的時間陪家屬渡過情緒。我常遇到悲傷過度的家屬，我會徹夜陪他們，有時是聊聊天、有時是簡單的陪伴。有些人可能認為，我花這麼多時間陪伴，這些都是人力、都是成本，划得來嗎？對我來說，用心做好每個案件，讓每個案件裡的家屬情緒能獲得抒發、安慰，比我賺多少錢都是更重要的事。

我以心與客戶往來，用真誠與同業競爭，就算市場如何險惡，只要秉持坦蕩的胸懷就一定能走遍天下。外界對我們這行早期有個刻板印象，認為我們為了搶生意常會打打殺殺，這的確是早期不好的習慣，但多年下來，這個行業已經沒有這種狀況了，因為產業在良性的競爭下，已經集體提升。

很多人說，中國生意場合競爭險惡，但就算再怎麼險惡，我認為只要行為坦蕩就沒有什麼好怕的。不管是在台灣，還是在中國，我都是一個人出門，偶爾有司機隨行，沒有任何安全人員。如果賺錢賺到一次出門，要帶七、八個安全人員隨行，那這樣賺錢還有什麼意思呢？

還記得剛入行時，在社交場合被交代不要發名片，會觸人家霉頭，也有遇過發名片給對方，被對方不屑丟在地上。但我始終沒有對這個行業失望，也沒對自己失望。過去二十年辛苦打造台灣仁本的兩岸事業布局，未來二十年，殯葬禮儀產業型態將隨著數位科技與時代的影響，持續發生結構性變化，我們只能秉持初衷、不斷革新，才能夠不墜。

當年，我大兒子出生沒多久，我就抱著他到太平間走動，這麼做除了一方面要讓他從小知道父親是做什麼的，一方面則是要破除外界對我們這行的各種錯誤想像。你看葬儀社老闆都敢抱小孩到太平間了，太平間和死亡能有多可怕？

當然，抱著兒子進太平間，我還為了一件事：我要提醒自己，我要把這家公司、這個行業，做到子女能因有我這個老爸為榮。而這位我抱著出入太平間的嬰兒，現在已經長成帥氣挺拔的大男孩。他目前在中國讀書，也遺傳我喜歡交朋友的個性，參加了很多青年社團活動，同時也密集接觸台灣仁本的事業，參與見習，希望有一天他能傳承衣缽，再創新局。讓我內心中，對於阿爸來不及看到我有一番成績的遺憾，在我和兒子之間，不會發生。

Eurasian Publishing Group
圓神出版事業機構
用心與你對話．視野無限寬廣
圓神出版社
Eurasian Press

www.booklife.com.tw reader@mail.eurasian.com.tw

圓神文叢 214

當生命走到盡頭，愛才開始：以仁爲本的送行者傳奇

作　　者／陳原
發 行 人／簡志忠
出 版 者／圓神出版社有限公司
地　　址／台北市南京東路四段50號6樓之1
電　　話／（02）2579-6600・2579-8800・2570-3939
傳　　真／（02）2579-0338・2577-3220・2570-3636
總 編 輯／陳秋月
主　　編／吳靜怡
專案企畫／沈蕙婷
責任編輯／周奕君
校　　對／周奕君・鍾宜君
美術編輯／林雅錚
行銷企畫／陳姵蒨・詹怡慧
印務統籌／劉鳳剛・高榮祥
監　　印／高榮祥
排　　版／陳采淇
經 銷 商／叩應股份有限公司
郵撥帳號／18707239
法律顧問／圓神出版事業機構法律顧問　蕭雄淋律師
印　　刷／國碩印前科技股份有限公司

2017年5月　初版
2017年5月　4刷

定價260元　ISBN 978-986-133-614-5

就算看再多生死事，都不見得能眞正參透生死的學問。
我在這行業當中，慢慢發現了自己的渺小，知道人的能力是有限的，必須更謙卑地面對人世間各種生死交關的時刻。

——《當生命走到盡頭，愛才開始》

國家圖書館出版品預行編目資料

當生命走到盡頭，愛才開始：以仁為本的送行者傳奇／陳原 著. -- 初版. -- 臺北市：圓神，2017.05
232面；14.8×20.8公分. --（圓神文叢；214）
ISBN 978-986-133-614-5（平裝）

1.陳原 2.台灣傳記 3.殯葬業

783.3886　　106003469

1　4 歲時與母親難得的合照。
2　與兩位妹妹合照。
3　身為長子的陳原，是老實正直的父親手上最甜蜜的負擔。
4　4 歲的陳原。

5 · 6 結婚時與岳父、岳母及伯父、嬸嬸合照。
7 · 8 重視家人的陳原，寒暑假一家出國度假享天倫之樂。
9 忠誠禮儀公司草創初期。
10 早期「忠誠」辦公室照片。
11 · 12 創意尾牙吸引媒體訪問。

9

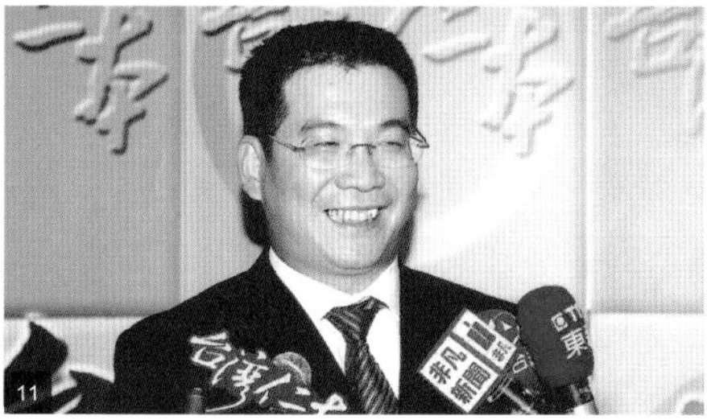

11

10

民生報

MIN SHENG DAILY 創辦人 王惕吾 發行人 王效蘭

中華民國八十九年六月二十九日 農曆庚辰年五月二十八日 星期四 焦點新聞 1

堪稱全台第一太平間出現了

獲 ISO 認證 一改陰森印象 達五星級水準

12

記者黃靜宜/報導

●國內出現了第一家獲得ISO 9002認證的太平間。台北市立萬芳醫院最近將太平間重新整修，以深(褐色原木佈置出高雅的空間,並設置家屬休息室、佛堂、祈禱室、隱藏式冰櫃等，號稱「五星級太平間」，一改太平間予人冰冷、陰森的刻板印象。

承包業者陳川原表示，到過太平間民眾，都有過不好的經驗，陰森、冰冷的感覺，讓人心情很不舒服。爲了改善這種雜亂無章的情形，讓家屬在哀傷疲憊之餘，能有個較舒適的休息空間，最近斥資三百萬重新裝潢太平間，除針對不同宗教信仰民眾設計不同的祭拜場地外，還利用拉門設計，將冰櫃隱藏在牆壁內，避免冰櫃外露，徒增家屬不安。

不讓一般公司行號專美於前，業者也申請 ISO9002 品保驗證，讓殯葬作業流程一致化、標準化，省略許多不必要的步驟，開啓太平間獲得品保驗證的首例。

13　進軍中國，創新的服務理念獲蕭山醫院醫護人員肯定。
14・15 2017 春酒現場照。

14

15

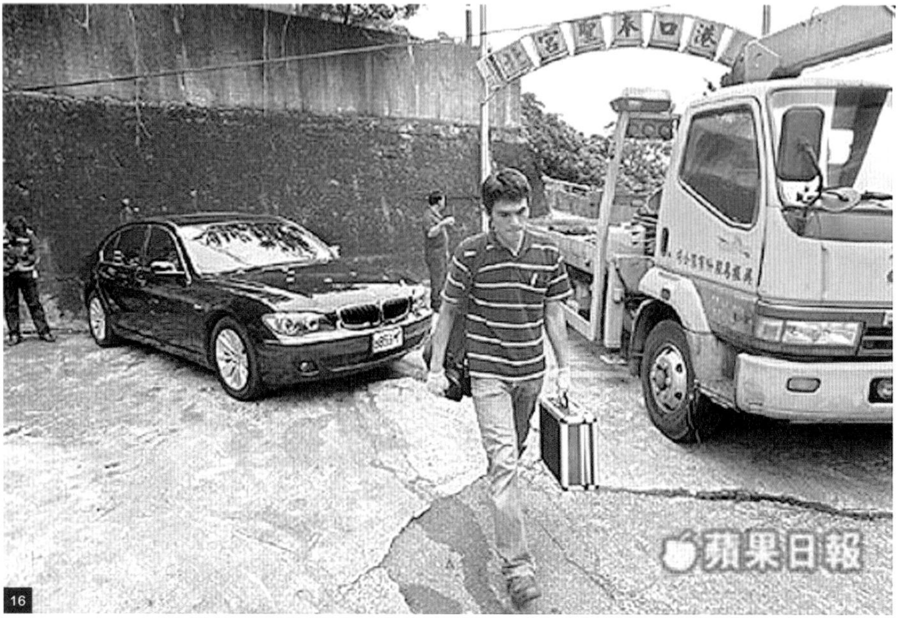

16

18

17

19

16 大型標案期間，因座車遭不良分子開槍恐嚇引起媒體大篇幅報導。
17．18 當年搬遷到萬寧街辦公室的入厝照片。
19 於告別式現場總是仔細叮嚀員工各項細節。

20　獲台塑集團青睞，承辦創辦人王永在先生的告別式。

21　一手規畫「徐子婷粉紅派對」創意告別式，擺脫以往告別式給人的沉悶感。

相馬茜豬附身 吃不停腫9kg

【特勤組、蔡佩吟、宋志民／台北報導】女明星對體重斤斤計較，相馬茜號稱「賽車皇后」，自然也得保持好身材。但記者目擊她在錄影空檔狂吃零食，好吃指數百分百。近日無節制的嗜吃令她體重直逼50公斤，「賽車皇后」快變成「賽車肥婆」，為此她已開始正視肥胖問題，並認真表示：「我會努力減肥！」

相馬茜3年前頂著日本「賽車皇后」名號來台發展，亮麗外型加上火辣身材，立刻成為媒體寵兒，她當時為了飯碗拚命減肥，視豬肉如洪水猛獸，163公分的她，曾瘦到40公斤。

餅乾終結者

不過她和前經紀公司結束不愉快的合作關係後，突然變得「心寬體胖」，尤其近來上遍各大綜藝節目，有得吃就不浪費，面對美食更是毫不忌口。記者日前目擊她上中視《綜藝大哥大》通告，節目中才剛吃過掃蕩大餐，轉眼回到後台她又嘴饞，別人在化妝間補妝，她卻猛吃餅乾掃蕩空檔，只見她大口大口塞，沒幾口就吃光光，宛如「餅乾終結者」。

其實相馬茜明瞭嘴饞為肥胖之本，她笑說：「我喜歡甜食，加上最近天氣冷常吃火鍋，一不小心就胖了2公斤，目前是49公斤。」她也知道發福不上相，最近又動了減肥念頭，反倒經紀人貼心叮嚀：「胖總比瘦好，太瘦容易生病！」

她胃口大，膽子也大，今天將擔任「台灣仁本」尾牙嘉賓，表演與棺材共舞，台灣仁本執行長陳原感謝她大力相挺，還邀請本盧國佑林，無奈康林怕沾晦氣而作罷，少女偶像鄭元暢也將在晚宴中鼎鼎演出，要與護士玩親親、表演舌吻。

6:09pm ■相馬茜（左起）拿著零食邊走邊吃，還找黃品源、張菲聊天。

■《大哥大》有免費美食，相馬茜（左）樂得拚命挾菜，旁為林若亞。

1/02 6:10pm ■相馬茜在化妝室沒事做就吃零食，只見她一口接一口塞不停。 特勤組攝

■相馬茜身材惹火，有「賽車皇后」美名。

22　出棺秀、棺材當頭獎……創意十足的陳原，每年公司尾牙總是令人驚豔。

23、24 仁本集團舉行 2017 春酒晚會，陳原偕妻子和同仁同樂。

25 中國浙江、寧波省衛計委至李惠利醫院太平間調研參訪，親自主持簡報。

26．27 合法得標進駐醫院太平間，卻遭原廠商暴力恐嚇推擠，不讓公司進駐。

28 「2016 浙江．台灣合作週」參訪。

29 與生命中的貴人紀寶如。

30

32

31

33

30-36 人緣極好的陳原，每次公司舉辦活動總有許多大明星參加。

35

34

36

38

37

40

39

37 · 38 陳原一家感情甚篤，回台時經常與家人團聚同樂，家是他最堅實的後盾。

39 陳原生命中最愛的兩個女人──妻子、女兒。

40 陳原和女兒陳湘潔感情甚篤。

41 · 42 陳原和大兒子陳聖文，陳聖文和父親一樣喜愛交朋友，密集參與並見習台灣仁本事業。

business

圖特派員梁雅雯／上海報導

仁本陳原 打造兩岸現代殯葬業

「我們是把每一位往生者都當成自己的長輩」仁本集團董事長陳原在談起自己打拚多年的生命禮儀行業，充滿著理想。中華民族講究孝道，百善孝為先，對於長者、親人的身後事，如何在他最後一程，走得尊嚴、隆重，又能告慰死者，減少家屬哀痛，情感的聯結相當重要，秉持此一情懷，陳原一直致力將殯葬業打造成一個優質的生命禮儀產業。他更希望透過進軍大陸，把台灣優質生命禮儀文化，在大陸發光發熱。

談到台灣殯儀業，陳原表示，台灣殯儀服務講究情感聯結，要了解往生者的背景、家屬需求，才能量身打造出最適合每個人的告別方式；為提升殯儀服務品質，仁本也推出生前契約、臨終關懷，致力打造具質感的現代化追思典禮，要讓每位逝者都走得有尊嚴。

◀仁本是兩岸最具規模的生命禮儀集團。（本報系資料照片）

初入行拼勁足 不懼競爭

其實，對自己踏入這個行業，在當年台灣殯葬業還很草創的時代。陳原要有很大勇氣與堅持。今年47歲的陳原，從小就跟著總舖師父親到處辦喪禮宴會，接觸殯葬禮俗、法會及殯葬商品，且舅舅開花店專做告別式的鮮花，更加深了他對殯葬產業的認識，看好殯葬業前景想投入，但當時殯葬業非常封閉。

陳原笑說：「當年是用了初生之犢的勇氣橫衝直撞的拼，只是想幫家裡賺錢，讓家人開心」，但是殯葬業非常複雜，有很多人際關係要處理，早期剛投入，黑道、陣頭的同行多，很多人靠逞兇鬥狠闖蕩，同業競爭大，他被砸車、被恐嚇，甚至座車被開槍打成蜂窩都有。

夫妻同心 攜手創業

但在投入殯葬業後，更加體會到殯葬就像一門生命禮儀課，「死生大事，不容絲毫差池」如何讓往生者的身後事，在最後一程，走得尊嚴、隆重，是告慰死者，減少家屬傷痛的重要課題。這部分需要殯葬業更細緻的照顧到往生者家屬的情感聯結，就是用這份恭謹的心，致力打造台灣優質的生命禮儀文化。

如今仁本，從最初的2人公司，到現在已有200多人。陳原說，妻子是幫助公司制度化最重要推手，創業2年後他們結婚了，當時妻辭掉花藝公會的工作，幫忙公司文書和會計，建立系統化流程，才有走向規模市場的今天。

◀仁本董事長陳原。（特派員梁雅雯攝）

▶仁本董事長陳原之子陳聖文。（特派員梁雅雯攝）

台灣仁本，本著以仁為本，已是台灣殯葬龍頭。幾年前他到大陸，發現大陸殯葬亂象，讓陳原再燃起對生命禮儀的熱誠，希望把台灣仁本致力打造的優質生命禮儀文化，移植至大陸。

兒子在滬就學 逐漸參與

陳原說，仁本已辦理過許多名人喪禮，包括以音樂會或大型活動典禮的方式辦告別會，還有藝人的家人過世，家屬為求隱私，曾要求跨縣市的團隊服務。即便是現在，遇到特殊客戶，他還是會親自檯棺，表達公司對客戶的重視。

陳原的兒子陳聖文聽完父親談創業故事，也講了自己對殯葬業的看法。他認為，了解各地殯葬禮俗是基本功，會慢慢累積，但未來重心會放在管理營運上。

陳聖文也分享自己過去很怕看鬼片，每次看鬼片都會睡不著，2年前的暑假曾到太平間工作一個月，從洗穿檢畫到告別式都參與過，但那段時間日子過得很踏實，並不會排斥或害怕。現就讀上海理工大學工商管理系，將把所需結合殯葬業，讓仁本更茁壯。

台北市仁愛醫院內台灣仁本殯葬事業規劃的靈堂。（本報系資料照片）